O
BUDISTA NO
CORREDOR
DA MORTE

DAVID SHEFF

O BUDISTA NO CORREDOR DA MORTE

Título original: *The Buddhist on Death Row*

Copyright © 2020 por David Sheff
Copyright da tradução © 2022 por GMT Editores Ltda.

Todos os direitos reservados. Nenhuma parte deste livro pode ser utilizada ou reproduzida sob quaisquer meios existentes sem autorização por escrito dos editores.

tradução: Heci Regina Candiani
preparo de originais: Rafaella Lemos
revisão: Ana Grillo e Luis Américo Costa
diagramação: Gustavo Cardozo
capa: Zoe Norvell
adaptação de capa: Gustavo Cardozo
impressão e acabamento: Pancrom Indústria Gráfica Ltda.

CIP-BRASIL. CATALOGAÇÃO NA PUBLICAÇÃO
SINDICATO NACIONAL DOS EDITORES DE LIVROS, RJ

S546b

Sheff, David
   O budista no corredor da morte / David Sheff ; tradução Heci Regina Candiani. -1. ed. - Rio de Janeiro : Sextante, 2022.
   256 p. ; 21 cm.

   Tradução de: The buddhist on death row
   ISBN 978-65-5564-382-4

   1.Masters, Jarvis Jay, 1962-. 2. Prisioneiros do corredor da morte - Biografia - Estados Unidos. 3. Budistas - Estados Unidos - Biografia. I. Candiani, Heci Regina. II. Título.

22-77428
CDD: 294.3092
CDU: 929:24

Meri Gleice Rodrigues de Souza - Bibliotecária - CRB-7/6439

Todos os direitos reservados, no Brasil, por
GMT Editores Ltda.
Rua Voluntários da Pátria, 45 – Gr. 1.404 – Botafogo
22270-000 – Rio de Janeiro – RJ
Tel.: (21) 2538-4100 – Fax: (21) 2286-9244
E-mail: atendimento@sextante.com.br
www.sextante.com.br

Para Pamela Krasney, que nos inspirou
com sua coragem na luta pela reforma da justiça penal
e pelo fim da pena de morte. Pamela fez do mundo
um lugar melhor para sua família, seus amigos
e inúmeras outras pessoas.

"Coloque uma águia em uma gaiola e ela bicará as grades, sejam elas de ferro ou de ouro."
– HENRIK IBSEN

SUMÁRIO

Introdução 9

Parte 1: A Primeira Nobre Verdade
Sofrimento 19

1 – Inútil 21
2 – Sentar-se e respirar 34
3 – Cicatrizes 44

Parte 2: A Segunda Nobre Verdade
A causa do sofrimento 59

4 – Condenado 61
5 – Despertar 69
6 – Encontrando refúgio 80
7 – A única saída 93
8 – Carma 106
9 – Mate o Buda 118

Parte 3: A Terceira Nobre Verdade
O fim do sofrimento   127

10 – Conexão   129
11 – Perdão   137
12 – Outro jeito   146
13 – Guerreiro   159
14 – Compaixão   172
15 – Caminhar na grama   183
16 – Presença   191
17 – O som da vida   200

Parte 4: A Quarta Nobre Verdade
O caminho   211

18 – Esperança   213
19 – Desapego   225
20 – Iluminação   235

Epílogo: Viver de coração aberto   243

Pós-escrito   249

Agradecimentos   251

INTRODUÇÃO

Eu me sento em uma cadeira de plástico de um dos lados de uma mesinha, de frente para um homem chamado Jarvis Jay Masters. Conto a ele que estou pensando em escrever um livro a seu respeito e pergunto o que acha da ideia. Reforço que, se eu for adiante, vou relatar as coisas que descobrir, boas e más.

– Não posso ficar mais feio do que já me pintam – diz Masters, e acho que é verdade, tratando-se de um assassino condenado. – Quer dizer – acrescenta ele –, basta ver onde estamos.

Estamos na Penitenciária Estadual de San Quentin, em uma gaiola do tamanho de um armário embutido entre uma dezena de cubículos semelhantes em um corredor reservado às visitas.

Sigo o olhar de Masters percorrendo as outras gaiolas, onde outros assassinos condenados estão sentados com familiares ou advogados. Ramón Bojórquez Salcido, condenado pelo assassinato de sete pessoas, inclusive a esposa e as filhas, está com o advogado no cubículo em frente. Na gaiola vizinha, Richard Allen Davis, que estuprou e matou uma menina de 12 anos, come Doritos. No fim do corredor, perto de uma estante cheia de jogos de tabuleiro e bíblias, Scott Peterson, sentenciado por assassinar a esposa grávida de oito meses e o bebê não nascido, recebe a visita da irmã.

Peterson está relaxado e em forma, mas alguns prisioneiros parecem tensos, agitados ou emburrados. E tem ainda uns sujeitos – diminutos, inofensivos, de óculos – que parecem pacatos funcionários de algum guichê. "As aparências enganam", diz Masters. Ao longo dos anos, ele se surpreendeu ao descobrir os crimes cometidos por seus vizinhos mais dóceis e educados no corredor da morte.

– Alguns deles têm boas maneiras, colocam o guardanapo no colo, mas deram fim a metade de Iowa.

* * *

Em 2006, minha amiga Pamela Krasney, ativista dedicada à reforma carcerária e a outras causas de justiça social, me falou sobre um detento no corredor da morte que, segundo ela, tinha sido injustamente condenado por assassinato. Ele era diferente de qualquer pessoa que ela já tinha conhecido, mais consciente, sábio e empático "apesar de seu passado". Ela se corrigiu: "*Por causa* de seu passado."

Apresentada a Masters por uma amiga dele, a famosa monja budista Pema Chödrön, Pamela o visitava regularmente há anos. Ela fazia parte de um grupo de apoiadores que se dedicavam a provar a inocência dele. Autodenominavam-se jarvistas.

Pamela me explicou que Masters tinha escrito um livro, inúmeros artigos e um poema pelo qual ganhara o prêmio PEN, um concurso anual de escrita do Prison Writing Program. Ele se convertera ao budismo e estudara com o ilustre lama tibetano Chagdud Tulku Rinpoche, que o proclamou um bodhisattva, "uma pessoa que trabalha para acabar com o sofrimento em um lugar mergulhado em sofrimento". Na verdade, Pamela alegava que Masters havia se tornado uma força do bem em San Quentin, ensinando budismo aos detentos e até impedindo episódios de violência.

Incentivado por Pamela, marquei uma visita ao corredor da morte, chegando à antiga baía das Caveiras em uma manhã sem neblina, com um vento cortante soprando na ponte Golden Gate. Veleiros brancos flutuavam como pétalas de lótus pela baía. Rebocadores puxavam barcaças, balsas deslizavam e a ponte Richmond-San Rafael cintilava. Depois que minha identidade foi verificada, passei por um detector de metais e, como orientado, segui a linha amarela pintada ao longo das pedras de um muro de contenção. No alto, em uma torre que parecia um farol, guardas armados observavam.

Masters estava alojado no prédio que tinha o abominável nome de Centro de Correção (CC), a unidade das solitárias – "o buraco" –, certa vez descrita por um administrador de San Quentin como uma "unidade restrita e confinada para abrigar os homens cruéis, violentos e insanos que a sociedade não quer que existam". Ele trabalhou duas décadas no CC.

Fui conduzido à cadeira que ficava diante de uma divisória de vidro manchado. Depois de muitos minutos, uma porta se abriu do outro lado e um guarda entrou escoltando Masters, que era alto e estava muito bem barbeado, o cabelo cortado à escovinha, impecável. Óculos de leitura pendiam de seu pescoço.

Depois que as algemas foram retiradas, Masters se sentou e tiramos do gancho os telefones avariados. A voz dele era abafada, como se estivéssemos conversando por meio de telefones de lata.

Masters tinha olhos castanho-claros, uma voz agradável de tenor e um carisma silencioso que o vidro não conseguia esconder. Conversamos sobre Pamela, Pema, a escrita, as notícias e um recente lockdown depois de uma punhalada. Perguntei sobre os guardas, os detentos e a prática budista dele. Masters era articulado, atencioso e engraçado. Depois de uma hora e meia, um guarda avisou que a visita tinha acabado. Ele levou Masters embora e deixei o pavilhão rumo ao vento frio da baía.

Refleti sobre o encontro. Masters pareceu franco e sincero. Tive um vislumbre do que os amigos dele descreviam como algo indefinível e especial; porém charme não significa inocência. Lemos muito sobre assassinos cruéis e carismáticos: Perry Smith, retratado por Truman Capote (Capote até passou a gostar do cúmplice de Smith, muito mais impiedoso, Richard Hickock); Elmo Patrick Sonnier e Robert Lee Willie, retratados pela Irmã Helen Prejean; e Gary Gilmore, descrito por Norman Mailer (segundo o retrato de Mailer, Gilmore era insensível e incapaz de se arrepender, mas tinha uma mente perspicaz, espirituosa e sedutora).

Será que Masters era um assassino? Os amigos dele juravam que não. Será que tinha sido vítima de uma armação, como seus advogados alegavam? Ou era um manipulador habilidoso, um vigarista tirando vantagem de pessoas confiáveis e bondosas como Pamela e Pema?

Mesmo que Masters fosse inocente, eu não sabia o que pensar a respeito das afirmações de que era, segundo a descrição de seus apoiadores, um budista praticante iluminado que mudou e salvou vidas. Há budistas em muitas prisões. Aliás, há detentos recém-convertidos a todas as fés. Há escritores e poetas detentos e outros que foram apontados como pessoas excepcionais. Será que Masters era realmente diferente? Eu me abstinha de fazer julgamentos bons ou ruins a seu respeito. Mas ele continuava a me intrigar.

※ ※ ※

Nos anos seguintes, Pamela me manteve informado sobre os acontecimentos da vida de Masters. Em 2007, depois de 22 anos, ele foi liberado do confinamento solitário e transferido para uma ala menos restritiva do corredor da morte. No ano seguinte, casou-se, em uma cerimônia realizada por Pema Chödrön. Em 2009, Pamela me pediu para redigir uma chamada de capa para o segundo livro escrito por Masters. Ela também me contou sobre o andamento do processo de recurso judicial. Para ela, não havia dúvida de que ele seria inocentado; era apenas questão de tempo.

Então, em 2015, Pamela faleceu devido a uma rara doença do sangue. Pema realizou uma cerimônia fúnebre budista durante a qual leu uma carta de Jarvis. A homenagem foi realizada em Mill Valley, Califórnia, na margem oposta a San Quentin. Enquanto Pema lia o discurso de Masters, pensei nele em sua cela no corredor da morte a apenas alguns quilômetros de distância. Pensei também na conexão e no zelo profundos de Pamela em relação a Masters e me lembrei das afirmações dela de que ele havia inspirado e ajudado inúmeras pessoas dentro e fora dos muros da prisão. Assim que saí da cerimônia, decidi investigar aquelas afirmações.

Falei com pessoas dentro e fora de San Quentin. Pema me contou que, depois de ler o livro de Masters, escreveu para ele e o visitou. Eles se tornaram amigos próximos. Ela admirava a capacidade que ele tinha de suportar um peso que teria esmagado a maioria das pessoas e a alegria que irradiava em um lugar tão triste. As interpretações dele de ensinamentos budistas a inspiraram e as ideias dele a ajudaram a obter uma compreensão mais profunda de conceitos que ela julgava conhecer. Li cartas de outras pessoas que também leram seus livros e se sentiram inspiradas a escrever para ele sobre as dificuldades que enfrentavam: relacionamentos abusivos, perda de pessoas amadas, doença e depressão. Muitas escreveram sobre tentativas de suicídio. Masters respondia a todas essas cartas e os remetentes escreviam novamente para lhe agradecer pelo conforto, pela orientação e a esperança que lhes dera.

Havia cartas de adolescentes "problemáticos" que ganharam o livro dele de terapeutas e educadores. Professores do ensino médio que abordavam o livro de Masters em suas aulas enviavam pacotes de cartas de alunos a quem ele inspirara. Uma bibliotecária de Watts disse que o livro dele era o mais furtado das prateleiras.

O mais impressionante é que fui capaz de confirmar que Masters defendera prisioneiros vulneráveis a ataques por serem homossexuais, suspeitos de denunciar outros detentos ou que tinham entrado em conflito com as normas cruéis da prisão. Mais extraordinário ainda, ele havia evitado possíveis ataques de prisioneiros contra agentes penitenciários (APs). Conversei com pessoas, inclusive um guarda, que afirmaram que Masters evitou que se suicidassem. O AP me contou que estava com o filho gravemente doente, vivia brigando com a esposa, bebia exageradamente e detestava seu emprego. O guarda admitiu que tratava os detentos como escória – era assim que os enxergava. E confessou que planejara se matar.

Certa manhã, Masters chamou o agente, que fazia a ronda do andar. Jarvis disse ter percebido que o homem parecia estressado, deprimido, e queria se certificar de que ele estava bem. O guarda não era do tipo que se abria sobre a própria vida com ninguém, muito menos com um condenado, mas "algo em Masters" o levou a fazer confidências sobre o filho e os problemas em casa. A conversa deu início a meses de bate-papos antes do amanhecer na porta da cela de Jarvis, durante os quais ele ajudou o guarda a enfrentar a doença do filho, a apoiar a esposa e a entrar em um programa para deixar de beber. O agente não pensava mais em tirar a própria vida: ao contrário, ele abraçou a vida que tinha.

O AP disse que seu trabalho se tornou significativo quando Masters o fez perceber que poderia oferecer ajuda a pessoas que precisavam dela desesperadamente; ele passou a ver a atividade não mais como a simples condução de um rebanho de gado, mas como uma oportunidade de tratar o sofrimento com compaixão. A atitude dele se transformou porque, como disse:

– Masters me mostrou que a maioria dos condenados era tratada com brutalidade. Eles eram apenas pessoas, umas mais ferradas do que outras, algumas tão ferradas quanto as que estão do lado de fora. Todas tinham vidas infelizes e todas têm alma.

Essa e outras histórias semelhantes me convenceram a levar este livro adiante.

* * *

Nos quatro anos que se passaram desde então, fiz mais de 150 visitas ao corredor da morte e gravei mais de cem horas de entrevistas. Também conversei com Masters por incontáveis horas ao telefone. Complementei nossas conversas com textos escritos por ele (livros, cartas, diários e ensaios), mas me baseei principalmente nas memórias e nos relatos do próprio Masters sobre a prisão. Ele falava de maneira sincera, mas era cauteloso em relação aos guardas e protetor com os outros detentos. Porém falava com completa franqueza sobre a própria vida. Relatou longamente a violência em seu passado e seus olhos se encheram de lágrimas quando falou de suas vítimas.

Foi difícil determinar se eu poderia confiar nas lembranças de Masters sobre os acontecimentos, inclusive alguns ocorridos há mais de cinquenta anos. Muitas das pessoas descritas neste livro estão mortas ou presas e não podem ou não estão dispostas a falar comigo. (Algumas não consegui convencer de que não sou da polícia.) Não surpreende que poucos guardas e detentos tenham aceitado conversar comigo e que, entre os que aceitaram, a maioria só tenha falado com a condição de não ter a própria identidade revelada. No final, descobri que os relatos de Masters passíveis de uma verificação independente se mostraram verdadeiros.

Ao longo das centenas de horas que passamos juntos, Jarvis e eu falamos sobre muitos assuntos, mas a maioria de nossas conversas acabou chegando, por meio de divagações, guinadas e evasivas, a questões sobre o ser: em que casos e de que forma as pessoas podem transformar a própria natureza e como podemos aliviar a dor e encontrar um sentido para a vida.

Ao reconstituir a jornada de Jarvis, vi que ele encontrou as respostas a essas perguntas na meditação e no budismo.

Não sou budista, mas, à medida que tomava conhecimento de como a fé o ajudou, eu descobria como princípios e práticas budistas podem ajudar outras pessoas, adeptas ou não. Aprendi que as pessoas *podem* mudar e como isso é possível, mas também que a transformação se dá aos trancos e barrancos. A jornada não é linear, mas cíclica – e difícil. Aprendi também algo ainda mais profundo: que o processo e o objetivo são diferentes daquilo que muitos de nós esperamos. Em vez de nos esforçarmos para mudar nossa verdadeira natureza, precisamos encontrá-la. Em vez de fugir do sofrimento, precisamos abraçá-lo.

Masters nunca afirmou ser iluminado ou ter renascido. Ele não dá ouvidos a quem se refere a ele como um professor. Jarvis se encolheu quando contei que as pessoas o descreviam como iluminado.

– Eu nem sei o que essa palavra significa – contestou, enfatizando que é "a última pessoa" que deveria ser considerada porta-voz do budismo e admitindo que seu tipo de fé é instável e determinado pelos desafios pessoais impostos pela vida no corredor da morte.

No entanto, enquanto superava obstáculos internos e externos, Jarvis desenvolveu perspectivas sobre problemas com os quais muitos de nós lutamos. E, com o tempo, compreendi por que as pessoas diziam que ele as inspirava.

Tendo como cenário um lugar de violência, confusão e fúria implacáveis, a história de Masters passa por grutas tenebrosas, com afluentes de solidão, desespero, trauma e outros sofrimentos – um terreno que todos conhecemos muito bem – até chegar à cura, ao sentido e à sabedoria. Senti muitas vezes o poder de inspirar que Masters tem e espero poder compartilhar esse poder nas páginas que se seguem.

Nota do autor: alguns dos nomes e detalhes deste livro foram alterados a pedido de participantes preocupados com sua privacidade ou, em certos casos, com sua segurança.

PARTE 1

A PRIMEIRA NOBRE VERDADE

Sofrimento

"Pessoas magoadas magoam pessoas."
– "Warlock", ex-mandachuva dos Crips em uma aula na Prisão de San Quentin

1 – INÚTIL

Na primavera de 1986, Melody Ermachild se aventurou no imponente edifício de tijolo e pedra da Prisão Estadual de San Quentin para conhecer seu novo cliente, Jarvis Jay Masters, um garoto negro de 24 anos, de Harbor City, Califórnia. Masters chegara a San Quentin cinco anos antes, depois de ser condenado por treze acusações de roubo à mão armada e sentenciado a vinte anos de detenção. Em seguida, fora acusado de conspirar para matar um guarda da prisão e de confeccionar a faca usada no assassinato. Ele tinha sido transferido para o Centro de Correção – para o confinamento solitário – e logo iria a julgamento. Se fosse considerado culpado, poderia ser condenado à morte.

Masters usava um gorro azul-marinho de tricô puxado até os olhos. Estava reclinado em sua cadeira, com os braços cruzados sobre o peito, e mal olhou para Melody. Ela explicou que era uma investigadora criminal contratada pela equipe de defesa para escrever uma história social da vida dele. Caso ele fosse condenado, a equipe esperava que o relatório dela ajudasse os advogados a convencerem o juiz e o júri de que ele deveria ser poupado da pena de morte. Para preparar esse relatório, ela precisaria entrevistar Masters, seus familiares, seus pais adotivos e outras pessoas que o conheciam.

Quando ela mencionou os familiares dele, Masters rompeu seu silêncio.

– Deixa eles fora disso – resmungou. Os olhos dele, até então frios e vazios, estavam em chamas. – Eles não têm nada a dizer sobre mim.

Ele não disse mais nada durante aquela reunião e manteve seu silêncio hostil ao longo de mais de uma dezena de visitas, durante as quais Melody revisou o caso contra ele e tentou fazer com que se abrisse.

* * *

Certa manhã, Melody compareceu à cabine de visitas usando muletas. Ela estava fazendo escalada e caiu, rompendo o tendão de aquiles.

Como de costume, pegou pastas e cadernos na bolsa. Também como de costume, Masters a tratou com um silêncio cheio de desdém.

De repente, Melody explodiu:

– Você acha que isso é uma piada?

Ele tomou um susto.

– Eles querem *matar* você! – disse ela, elevando o tom de voz.

Ela nunca tinha perdido a cabeça com um cliente e pediu desculpas imediatamente.

– Não é só a minha perna – explicou. Em sua angústia, ela deixou de lado a postura profissional e expôs os motivos de seu desânimo: – Tive um filho quando era adolescente e fui forçada a entregar o bebê para adoção. Nunca superei isso. Depois de vinte anos, recentemente tive notícias do meu filho e nos encontramos.

Jarvis a fitava.

– Foi maravilhoso conhecê-lo, exatamente o que sempre quis, mas isso mexeu demais comigo. Tenho chorado muito.

Depois de uma pausa, ela acrescentou:

– Penso muito na minha infância. Meu pai morreu quando eu era pequena. Minha mãe tinha depressão e... – Melody parou e respirou fundo – batia na gente. Depois engravidei e me colocaram para fora de casa. Encontrei um lar para garotas grávidas, onde o bebê nasceu. Pensei em me matar. Várias vezes.

Jarvis falou pela primeira vez:

– Isso é muito zoado.

A conclusão perfeita dele a fez sorrir.

Os olhos deles se cruzaram brevemente; ele então desviou o olhar.

* * *

Jarvis se tornou menos hostil depois disso. Às vezes chegava à sala de visitação calado como sempre, mas outras vezes baixava um pouco a guarda. Começou a levar as perguntas dela a sério e a respondê-las com sinceridade. Falavam sobre o caso e o passado dele, ainda que as conversas não raro despertassem memórias dolorosas e ele se fechasse. No final, ele acabou concordando que ela entrevistasse seus familiares.

* * *

Melody pegou um avião para Los Angeles para conhecer a mãe dele, Cynthia Campbell, que Jarvis não via há sete anos – desde o dia de sua prisão, que o mandou para San Quentin, em 1981. Depois que ele foi implicado em uma série de assaltos à mão armada, a polícia emitiu um mandado de prisão e Jarvis se escondeu em casas de amigos, sem ficar mais do que algumas noites na de cada um. Certa tarde, ele estava no apartamento da irmã. Um receptor de rádio estava ligado, monitorando as ações da polícia, e ele ouviu que estavam chegando. Mas não dava tempo de fugir. Em um megafone, uma voz mandou que ele saísse com as mãos para cima.

Um policial jogou Jarvis contra o capô de uma viatura e o algemou nas costas. Cynthia, que estava hospedada no andar de baixo, no apartamento da outra irmã de Jarvis, correu para a rua. Soluçando e gritando, ela atacou um policial com socos e arranhões. Jarvis observou enquanto a polícia a derrubava no chão.

* * *

Quando Melody a encontrou na sala de estar miserável da casa dela, Cynthia tinha uma aparência frágil e triste. Havia vestígios de beleza em seu rosto, que revelava a sombra de décadas de vício. A honestidade de Cynthia surpreendeu Melody. Com voz rouca de fumante, ela disse que se tornara mãe aos 16 anos. Tivera oito filhos ao todo. E admitiu:

– Deixei Jarvis se sentindo como se não tivesse mãe, mas não consegui fazer nada melhor do que isso.

Antes de ir embora, Melody perguntou a Cynthia se ela consideraria visitar Jarvis:

– Acho que faria bem a ele.

E Cynthia concordou em ir.

* * *

Na prisão, Jarvis quis ouvir todos os detalhes sobre a visita. Enquanto Melody falava, ele imaginava a mãe. Lembrava-se da beleza e da delicadeza dela, mas também de sua ausência e instabilidade. Ele recordava estar sentado com ela, vendo TV, e ela se levantar e desaparecer. Depois de um tempo, ele ia procurá-la e a encontrava desmaiada no banheiro, entorpecida pela heroína. Ele então tentava acordá-la e colocá-la na cama. Todas as vezes, teve medo de que ela pudesse estar morta.

Jarvis também se lembrava dos homens que iam e vinham. Ele encontrava um estranho na sala e Cynthia dizia:

– Dá uns trocados pro Jarvis, gatão. – Depois dizia para Jarvis:
– Vai lá embaixo comprar bala.

Embora tivesse só 5 anos, Jarvis se lembrava claramente do dia em que a polícia foi até a casa dele e o encontrou vivendo na imundície junto com as irmãs. Assistentes sociais levaram as crianças para o Serviço de Proteção Infantil, onde elas foram separadas. Jarvis foi levado para uma saleta com duas mulheres de aparência gentil. Uma delas o colocou sentado em cima da mesa e tirou a camiseta dele. Elas olharam horrorizadas para os hematomas e as cicatrizes que cobriam seu corpo.

Jarvis afastou aquela lembrança e ficou na expectativa por uma visita da mãe. Pensou no que mais queria dizer a ela: que estava com saudade e que a amava.

※ ※ ※

Jarvis colocou o nome da mãe na lista de visitantes e esperou ansiosamente pela vinda dela. Mas ela nunca apareceu. Uma manhã, pelas grades na porta de sua cela, ele viu o capelão da prisão se aproximando. Os detentos sabiam que o capelão não aparecia para bater papo. A visita dele significava más notícias.

O capelão contou a Jarvis que uma de suas irmãs havia ligado e deixado um recado. A mãe deles tinha sofrido um ataque cardíaco e não sobrevivera.

O capelão disse:

– Sinto muito, Masters. – Depois deixou o andar.

Jarvis começou a tremer, e seu choque se transformou em fúria. Ele golpeou a parede da cela com os punhos até os nós dos dedos sangrarem.

Durante semanas ficou atormentado pela morte da mãe e furioso por não ter permissão para comparecer ao enterro. Andava de um lado para outro na cela, recusava as saídas ao pátio e xingou um guarda, que, em resposta, o atirou contra a parede.

※ ※ ※

Enquanto isso, Melody continuava a entrevistar pessoas para o relatório e adorava quando conseguia levar notícias que talvez animassem Jarvis. Ela havia entrado em contato com a irmã mais nova dele, Carlette, que planejava viajar de Los Angeles para vê-lo.

Jarvis incluiu outro nome na lista de visitantes aprovados e, dessa vez, não foi em vão. Na manhã da visita, ele foi escoltado até o salão onde a irmã esperava, do outro lado de uma divisória de acrílico.

Quando o viu, Carlette começou a chorar. Por fim ela se acalmou o suficiente para dizer o nome dele:

– Jarvis. – Ela olhou para o irmão mais velho e repetiu: – Jarvis.

Jarvis reagiu sem emoção. Acenou com a cabeça brevemente antes de perguntar:

– E aí, maninha?
– Você está bem?
– Estou bem – respondeu ele, inexpressivo.
– Como vão as coisas aqui dentro? Você está bem?

Ele deu de ombros.

– O que você acha?

Ela repetiu:

– *Você está bem?*

– É – respondeu ele. – Nada de mais. Uns filhos da puta brigando, se esfaqueando.

Ela pareceu preocupada.

– Não se preocupe comigo, maninha – falou. – Ninguém mexe comigo.

Carlette notou tatuagens desbotadas na têmpora e no pulso do irmão, o número 255, e perguntou sobre elas.

Quando crianças, eles moravam na rua 255, em Harbor City.
– Por que você tatuou isso? – ela quis saber.
– Foi uma coisa que vi num cara dentro do caixão.
Carlette ficou horrorizada.

Quando um guarda se aproximou com o aviso de mais cinco minutos, Jarvis pediu a Carlette se ela poderia colocar dinheiro na conta dele, para que pudesse comprar cigarros.

Ela disse que tudo bem e saiu.

※ ※ ※

Era um sacrifício caro para Carlette fazer a viagem de carro saindo de Los Angeles, mas ela retornou no mês seguinte, dessa vez com o filho pequeno, que ficou sentado no colo dela. Mais uma vez Jarvis a brindou com histórias da prisão. Ela ficava muito triste por ele agir como se a prisão fosse uma piada e ficou indignada quando ele se gabou de ser temido e invejado como um "guerreiro" de alguma revolução.

Na terceira vez que Carlette foi à cadeia, Jarvis recomeçou, falando sobre a guerra racial em San Quentin (na qual detentos negros estavam se defendendo contra os ataques de gangues mexicanas e brancas), sobre guardas corruptos que vendiam drogas e armas de fogo e sobre uma facada, como se aqueles acontecimentos terríveis fossem divertidos.

Carlette desatou a chorar.

Jarvis a fitava.

– Por que você está chorando?

– E *nós*? – atalhou ela, sem pensar.

Ele não entendeu. Ela continuou o desabafo:

– Você está sempre me contando sobre a sua vida como se fosse um bandido durão, alguma espécie de revolucionário, essa baboseira toda. Você nunca pergunta sobre a gente. Nem sei por que eu deveria visitar você. E eu? E o seu sobrinho? Você sabe o que ele disse depois da última vez que a gente viu você? "Mamãe, eu quero ser igual ao tio Jay." O que eu falo pra ele?

Ela chorou mais alto, mas Jarvis só revirou os olhos.

– Você acha que quando seus chegados saírem daqui eles vão mandar dinheiro pra você? Acha que vão escrever pra você, mandar fotos das crianças? Você pelo menos *pensa* em nós? Quem você está tentando impressionar? *Qual é o seu problema?*

Ainda chorando, ela pegou o filho e saiu.

Jarvis ficou sentado, furioso. Qual o problema *dele*? Qual era o problema *dela*, porra? Ela não fazia ideia de quem ele era. Não fazia ideia de *onde* ele estava. A irmã dele era uma idiota e ele não ligaria se ela nunca mais aparecesse.

* * *

Naquela noite, em sua cela, Jarvis tentou parar de pensar na visita, mas não conseguia tirar da cabeça algo que Carlette dissera. Muitos dos homens que ele conheceu na cadeia estavam condenados à prisão perpétua, mas alguns sairiam, mais dia, menos dia. Será que mandariam notícias? Será que escreveriam? Mandariam dinheiro ou fotos dos filhos? Fariam visitas?

Sem chance.

O que ele estava tentando provar? Quem ele estava tentando impressionar?

Ainda mais difícil de ignorar era a outra pergunta que ela fizera: "Qual é o seu problema?"

Ele tentou deixar aquilo pra lá, mas não conseguia. Ficou encolhido em um canto da cela. Sentindo... não sabia o quê. Algo que ele não queria sentir.

Jarvis sempre pensava na própria morte, pois a tinha visto desde muito cedo. Imaginava que seria baleado, como muitos dos garotos do bairro. Outras vezes, se via entrando em um tiroteio, como nos filmes. De vez em quando, até ansiava pela morte. Seria um alívio.

Durante aquela noite interminável, ele ficou cara a cara com um pensamento que nunca se permitira ter: queria sair da prisão, se reconectar com sua família, ser o irmão mais velho de sua irmã e o tio de seu sobrinho. Ele queria *viver*.

Usando a única ferramenta de escrita que lhe era permitida – a carga de uma caneta esferográfica (a caneta inteira poderia ser usada como arma) –, colocou uma folha de papel sobre a cama, usando-a como mesa, e escreveu para Carlette. Agradeceu a ela pela ajuda, as cartas e as visitas. Disse que estava orgulhoso da mulher que ela se tornara e do lindo filho dela, desculpou-se por nunca perguntar sobre a vida dela; queria saber tudo.

Ele temia não vê-la nunca mais. E ainda não conseguia tirar da cabeça a pergunta dela: *Qual é o meu problema?*

* * *

Jarvis tinha 19 anos quando chegou a San Quentin. Quando foi ao pátio pela primeira vez, viu homens jogando basquete em quadras com aros bambos e sem rede. Outros prisioneiros levantavam pesos, sentavam-se nos bancos, um de frente para o outro, e jogavam damas ou cartas ou conversavam, reunidos em grupos. As etnias não se misturavam.

Quando um estranho se aproximou, Jarvis ficou desconfiado até que o homem mencionou o nome de Halifu, um detento que Jarvis conhecia da Prisão do Condado de Los Angeles. Halifu era fisicamente imponente, mas falava como um professor. Era uma espécie de revolucionário. Ele encheu os ouvidos de Jarvis, falando sobre a opressão histórica dos negros americanos, citando W. E. B. Du Bois, Marcus Garvey, Angela Davis, Malcolm X, e ensinou a Jarvis sobre os Panteras Negras e uma "organização" chamada Black Guerilla Family (Família da Guerrilha Negra, ou BGF na sigla em inglês). Halifu disse que a BGF, cofundada pelos líderes negros W. L. Nolen e George

Jackson, fora criada em resposta a uma onda de assassinatos de detentos negros nas prisões do país. Disse que Jarvis precisava se juntar à revolução e começou a chamá-lo de *askari*, palavra em suaíli para "soldado".

Tempos depois, quando Halifu soube que Jarvis iria para San Quentin, mandou um recado para seus "camaradas" de lá – que incluíam o homem que abordou Jarvis no pátio. Esse prisioneiro, cujo nome em suaíli era Fuma, integrava o contingente do Partido dos Panteras Negras em San Quentin quando George Jackson foi assassinado lá, em 1971. Fuma apresentou Jarvis a outros "revolucionários", inclusive aos professores responsáveis por instruir os *kezi* – os aspirantes que pretendiam ingressar na BGF. Uma lousa fora instalada no pátio e turmas de mais ou menos sessenta *kezi* se reuniam para as aulas. Aqueles que nunca tinham frequentado a escola aprenderam a ler e a escrever, e todos aprenderam sobre nacionalismo negro e a luta de classes.

Essa educação política justificou e orientou a raiva de Jarvis. Zangado e isolado, ele estava pronto para ser radicalizado, para se conectar a algo maior do que ele mesmo. No nome da Black Guerrilla Family, "família" era a palavra-chave para jovens como Jarvis, a quem os membros acolhiam como pais e irmãos.

Jarvis e os outros *kezi* sabiam que apenas um punhado deles seria aceito na BGF. Diziam a eles: "Muitos são chamados, mas poucos são escolhidos." Jarvis estava determinado a ser um dos poucos escolhidos. Treinou com empenho e comprometimento e, segundo relatou um ex-membro da BGF, estava entre o punhado de soldados dedicados que ficaram acima da linha de corte. Eles foram iniciados em uma cerimônia solene em que receberam broches com a estrela comunista vermelha de cinco pontas para usar na lapela. Em seguida, receberam a "filiação fraterna" à organização. Um dos líderes disse: "Estão aqui entre nós os novos dragões. Eles alcançaram as fileiras da *jamaa* (família)."

* * *

Dois anos depois, em 1985, um membro da BGF rompeu com a liderança da organização e planejou uma série de ataques a guardas. Os registros do julgamento mostram que o primeiro alvo seria um sargento veterano, Howell Dean Burchfield, de 38 anos, que segundo os rumores estava fornecendo armas para a Irmandade Ariana, uma gangue rival da prisão. De acordo com vários membros da BGF, Jarvis não foi informado sobre a conspiração porque tinha uma rixa com o mentor do ataque. Por isso ele não sabia o que estava por vir na noite de 8 de junho daquele ano: o sargento Burchfield estava fazendo a contagem noturna dos prisioneiros, uma tarefa rotineira que já repetira centenas de vezes, quando um detento o chamou e pediu fogo para um cigarro. Quando o guarda se aproximou da cela do homem, o prisioneiro o esfaqueou com uma lança improvisada, rompendo sua artéria pulmonar. Quando o socorro chegou, Burchfield já estava morto.

Naquela noite e no dia seguinte, os suspeitos de envolvimento no assassinato foram transferidos da seção C do Bloco Sul, onde estavam confinados, para o Centro de Correção. Jarvis aparentemente não era um dos suspeitos, porque foi deixado em paz. Antes do assassinato, ele tinha uma liberdade de movimento incomum como "guardião do andar", e esse privilégio foi mantido. Quando outros prisioneiros do bloco eram trancados em suas celas, Jarvis varria e esfregava o piso, entregava bandejas de jantar e limpava as paredes dos depósitos.

Seis meses depois, Jarvis e outros internos estavam assistindo a um jogo de futebol americano quando alguém gritou para Jarvis colocar num canal de notícias. Ao fazer isso, ele viu o próprio rosto ao lado dos de dois outros membros da BGF. Um jornalista informava que os assassinos do agente penitenciário de San Quentin tinham sido identificados.

Na manhã seguinte, Jarvis foi transferido para o Centro de Correção e um guarda lhe entregou uma notificação informando que ele estava sendo acusado de participar no assassinato de Burchfield. Ele suspeitou que o mesmo desertor da gangue que planejara a ação havia armado para ele, pois Jarvis era conhecido como um soldado leal que não quebraria o código da BGF, que o proibia de falar sobre qualquer um dos membros ou das atividades da organização. O preço que pagou por sua lealdade foi a acusação por um crime em "circunstâncias especiais" – o assassinato de um policial – que poderia resultar em sua execução.

※ ※ ※

O julgamento pelo assassinato começou em 1989. Nas manhãs em que havia sessão no tribunal, Jarvis trocava o uniforme de brim usado na prisão por um macacão laranja. Era agrilhoado com ferros nas pernas, algemas e uma corrente em volta da cintura e levado de sua cela até uma viatura do Departamento Correcional da Califórnia, que o conduzia à cúpula azul do Centro Cívico do Condado de Marin, projetado por Frank Lloyd Wright. Ele se sentava ao lado de seus advogados em uma das salas do tribunal com painéis de madeira.

Nas audiências preliminares, os advogados de Jarvis apresentaram uma série de moções, mas a juíza do Tribunal Superior do Condado de Marin, Beverly Savitt, indeferiu a maioria. Depois veio a fase de seleção do júri, que também não foi nada auspiciosa. Os advogados de Jarvis rapidamente usaram de todas as objeções peremptórias de que dispunham – seu direito de recusar um determinado número de jurados sem a necessidade de apresentar qualquer motivo para tal. No final, todos os jurados, exceto um, eram brancos. E todos eram a favor da pena de morte.

Jarvis sentou-se curvado em sua cadeira enquanto advogados

e testemunhas falavam a seu respeito como se ele não estivesse ali. Às vezes erguia os olhos para a juíza e via bondade, uma preocupação quase maternal, mas outras vezes o olhar dela simplesmente o atravessava. Ele contou a Melody que sua sensação no julgamento era de que "um prego após outro eram pregados em seu caixão".

2 – SENTAR-SE E RESPIRAR

Depois de meses trabalhando no relatório de atenuação da pena, Melody levou a Jarvis um esboço, que ele leu durante a noite. Quando terminou, estava furioso.

Ele escreveu a Melody uma crítica cheia de rancor: "Você sorri para mim e escreve sobre mim como se eu fosse um cachorro. A polícia teria escrito praticamente as mesmas coisas que você escreveu." Disse a ela que nunca mais queria vê-la de novo.

Jarvis não conseguia acreditar que tinha confiado em Melody. Quantas vezes até ele aprender que não podia confiar em *ninguém*?

Ainda espumando de raiva, ele pegou o relatório e o leu de novo no dia seguinte. Quanto mais lia, pior se sentia, mais exaltado, zangado e enojado. Depois, no meio da leitura, ele teve uma revelação assustadora: Melody não tinha se voltado contra ele. Ela havia feito o trabalho dela. Tinha juntado as peças de uma descrição precisa da vida dele e relatado a verdade. Era a verdade que o enfurecia.

Melody descreveu a mãe dele como uma prostituta que levava homens para casa; a negligência dela; a violência do pai, que não só batia em Cynthia, mas uma vez tentou incendiar a casa com as crianças lá dentro; e depois, sua partida. Ela relatou as frequentes surras que Otis, seu padrasto, dava em Jarvis e os incessantes maus-tratos físicos que ele suportou em lares de acolhida e instituições do Estado.

Onde estava ele naquelas histórias? Estava passivo, escondido, com medo.

Passara a vida toda provando que não era uma vítima, mas o relatório de Melody mostrava que era exatamente isso que ele era.

Jarvis se sentou na cama, atordoado e nauseado. Então pensou na terrível carta que enviara a Melody.

Escreveu novamente para ela. "Tenho essa tendência a reagir", disse ele. "A vida toda, por causa desse tipo de reação, tenho cometido meus piores erros... Estou fazendo merda. Peço desculpas."

"Confio muito no que você tem de melhor", respondeu Melody. "Seu verdadeiro ser sempre vai emergir e abrir seu coração. Sei que você vai ficar zangado comigo outras vezes, é um caso difícil e assustador. Mas, se você continuar comprometido, também continuarei. Nunca vou deixar você na mão."

A carta de Melody o acalmou. Ele ficou aliviado ao receber notícias de Carlette. Ela também aceitou seu pedido de desculpas e disse que faria uma visita em breve.

* * *

O alívio de Jarvis foi passageiro. O julgamento se arrastou e ele se preocupava não apenas com o parecer final, mas também com a sobrevivência diária. No andar, tornou-se vulnerável aos caprichos dos guardas, que não esperavam o veredicto para puni-lo; consideravam a mera acusação uma prova suficiente de que ele estivera envolvido na conspiração para matar o colega deles. Os guardas vasculhavam sua cela, conduzindo buscas aleatórias ostensivas e confiscando seus poucos bens. Uma vez, um agente que acompanhava Jarvis aos chuveiros o empurrou escada abaixo e depois declarou que fora um acidente.

Melody o visitou no dia seguinte ao ataque do guarda e viu a angústia nos olhos de Jarvis. Ela disse a si mesma: "Deve ter alguma coisa que eu possa fazer."

Quando Melody rompeu o tendão de aquiles, um médico recomendou que meditasse para aliviar a dor. Ela teve uma aula e descobriu que realmente ajudava. E algo inesperado aconteceu: lembranças de sua infância turbulenta inundaram sua mente. Ela se lembrou da mãe agarrando-a e sacudindo-a com violência. Reviveu a perda do filho e pensou em sua querida irmã mais nova, que havia herdado a pior parte da depressão da mãe. Apesar do próprio trauma, Melody tinha se reerguido, mas a irmã, não. Um dia, bêbada, ela caiu, bateu a cabeça e morreu. Melody nunca se recuperou da perda.

Melody confidenciou tudo isso ao professor de um centro de meditação em Berkeley, que lhe ensinou uma técnica que, segundo ele, poderia ajudá-la a enfrentar o trauma da infância, aceitar a morte da irmã e seguir em frente. Instruiu-a a meditar sobre as vivências a uma distância segura e imaginar que se desenrolavam diante de seus olhos. Disse a ela que repetisse a meditação com frequência.

– Com o tempo, as lembranças perdem seu poder – prometeu ele.

Todas as manhãs, quando Melody meditava, ela usava a técnica, e uma vida inteira de dor reprimida irrompeu. Ela sentiu a morte da irmã e outras perdas. Assistiu à violência de sua mãe. Com o tempo, entretanto, as lembranças *realmente* perderam seu poder. Meditar a ajudou a enfrentar e liberar a raiva, a culpa e o ressentimento que carregava desde a infância.

Relembrando essa experiência, Melody sugeriu a Jarvis que experimentasse meditar com ela.

– Está me ajudando – disse ela. – Talvez ajude você.
Jarvis olhou para ela, incrédulo.
– Isso é o que você tem para me ajudar? *Neste* lugar? Estão tentando me matar e você quer que eu *medite*?

Eles deixaram o assunto morrer ali, mas durante outra visita Jarvis aparentava estar fatigado e infeliz. Ele abaixou os olhos e os fixou nos punhos, cerrados. Ficaram sentados em silêncio por um tempo até que Jarvis falou, tão baixo que Melody mal conseguiu ouvir. Olhando-a, perguntou se ela realmente acreditava que "esse negócio de meditação" poderia ajudar.

– Talvez – respondeu ela. – Acho que sim. Como eu disse, está me ajudando. Podemos só tentar? – Ela o instruiu: – Você simplesmente fica sentado em silêncio, com a coluna ereta, fecha os olhos, respira e presta atenção na respiração, conforme o ar flui para dentro e para fora. Só isso. Apenas sinta seu peito subir quando você inspira e descer quando expira. Quando sua mente divagar, leve a atenção de volta para a respiração.

Jarvis olhou para ela com fogo nos olhos.

– *Ficar sentado*? Fechar os *olhos*? Você ficou maluca, porra? – Ela não entendeu. – Se quiser sobreviver aqui, você *não* fecha os olhos. Você quer ver *tudo*. Sua vida depende disso. E você *não fica sentado*. No pátio, você está sempre pronto pra se defender. Quando você se senta, fica sem as pernas.

– Entendo – disse Melody. – Mas ninguém vai saber, você estará escondido na sua cela.

– Você não entende. Não importa só o lugar onde estou, mas quem eu *sou*. Eu não fico sentado. Eu não fecho meus olhos.

Ela esperou que ele se acalmasse por um instante e tentou outra vez:

– Talvez você possa tentar. Só tentar. Vamos ficar sentados aqui por cinco minutos. Só isso. Apenas respire fundo e devagar, inspire lentamente e expire lentamente.

Fechar os olhos não o deixava nem um pouco confortável, mas ele quis agradar Melody, porque ainda tinha medo de ela abandoná-lo. Não disse nada, mas fechou os olhos. Logo os abriu e olhou ao redor, desconfiado, e então os fechou de novo e respirou fundo.

* * *

As noites eram mais difíceis. "O sono não vem quando você vive cercado por inimigos no outro lado de cada parede e sob a ameaça de que um gás venenoso encha seus pulmões", escreveu para Melody.

Quando finalmente adormecia, Jarvis tinha pesadelos. Em um sonho, ele estava na câmara de gás. Tinha visto fotos da sala, metálica como um sino de mergulho ou módulo espacial, verde-mar, com escotilhas de vidro grosso hermeticamente fechadas. Ele estava amarrado, esperando o veneno. Petrificado, olhava para o executor. Jarvis prestava atenção no homem. Era seu próprio rosto.

Jarvis tentou meditar em sua cela. Não havia muito espaço no retângulo de 1,5 por 3 metros, mas entre a cama e o vaso sanitário ele encontrou um espaço para colocar um cobertor dobrado no chão. Sentou-se com a coluna ereta e as pernas cruzadas, fechou os olhos e respirou. Quando sua mente divagava, ele a conduzia de volta à respiração. Não tinha certeza de estar fazendo do jeito certo. Mesmo com o cobertor, o chão era duro e frio.

Ele se distraía com o barulho do andar e o falatório de seus próprios pensamentos. O que os prisioneiros estavam gritando? Que gororoba seria servida no jantar? Ele se concentrou no julgamento: imaginou que era considerado culpado, condenado e executado.

Quando Jarvis descreveu a experiência para Melody, ela repetiu o conselho do professor que a ajudara:

– Quando esses pensamentos vierem, afaste-os delicadamente.

Jarvis tentou essa técnica. Ele usava a imagem literal de empurrar os pensamentos ruins para longe. "Eu não preciso de *você*", dizia enquanto empurrava um deles para o lado. "Não preciso de você", quando vinha outro. Conseguiu fazer isso por cinco minutos. Depois, dez. Tentou na manhã seguinte e na outra.

Descobriu que a meditação o acalmava. Mas às vezes, quando meditava, em vez de serenidade ele sentia pânico. O coração batia forte e a respiração se acelerava. Às vezes via e sentia coisas, como num pesadelo. Monstros, baratas e gritos de criminosos transtornados enchiam sua cabeça. Ele pensava nos homens em San Quentin, seus vizinhos. Pensava nos crimes que cometeram. Eram homens que tinham ateado fogo nos próprios pais, estuprado, cortado suas vítimas em pedaços. Estava quase sufocando, tentando respirar.

Decidiu que ia desistir. Mas não desistiu. Tentou de novo. Inspirou e expirou. No começo, fazia isso por Melody, mas continuou por si mesmo. Estava com medo, furioso... e desesperado. Não sabia o que mais podia fazer para tentar lidar com aquilo tudo.

Melody repassou outra instrução de seu professor:

– Quando começar a entrar em pânico, imagine os acontecimentos angustiantes e sinta as sensações desconfortáveis de uma distância segura. Em vez de mergulhar nelas, você pode vê-las chegando. Pode vê-las chegando e indo embora.

O professor dissera para ter em mente que "o medo é um pensamento e os pensamentos não podem machucar você, os pensamentos não podem matar você".

Às vezes Jarvis vislumbrava a profundidade desse conselho, mas agarrar-se a ele era como tentar se agarrar à água. Melody garantiu que a compreensão viria e a orientação dela foi sempre a mesma: seguir com a prática.

E ele realmente praticava. Entrava em contato com as sombras – seu peito palpitava, mas se ele se lembrava de se concentrar na respiração, o coração desacelerava. Quando o medo o inundava, se ele se lembrava das palavras do professor ("o medo é um pensamento e os pensamentos não podem machucar você"), o medo diminuía.

Vez ou outra, Jarvis saía da meditação se sentindo energizado. Ela fazia com que ele se sentisse... o quê? Fazia com que ele se sentisse... esse pensamento o assustou... melhor do que já se sentira em toda a sua vida. Ele estava sendo julgado por assassinato e poderia ser condenado, e mesmo assim sentia uma leveza e um otimismo que duravam a manhã toda.

Ele então continuou.

Todas as manhãs. Despertava. Dobrava o cobertor e o colocava no chão. Sentava-se com as pernas cruzadas. Corrigia a postura, endireitando a coluna.

Inspirava.

Devagar.

Concentrava-se no ar à medida que enchia seus pulmões e, quando os pulmões estavam cheios, retinha o ar, sentindo-o serpentear dentro de si, e depois, lentamente, lentamente, o deixava sair.

Algumas vezes ele tentava meditar, mas não conseguia se concentrar na respiração nem acalmar a mente. Então a raiva brotava dentro dele outra vez: a injustiça, a traição, a incapacidade de falar o que pensava.

Às vezes julgava-se um idiota por sequer tentar. Uma vez, pensou com desdém: "Posso ser condenado à morte e estou sentado aqui *respirando*?"

Mas refletiu sobre essa ideia por mais um instante e ela se transformou de uma maneira extraordinária: "*Posso ser condenado à morte e estou sentado aqui respirando!*" Ele sentiu algo semelhante a esperança.

Mas a esperança inevitavelmente evaporava. Pensamentos horríveis o acossavam: pavor do resultado do julgamento e medo de represálias por parte dos guardas. Jarvis via a depressão como uma fraqueza – era uma palavra que ele nunca tolerara –, mas caiu em uma depressão profunda e sombria da qual sentia que nunca mais iria emergir.

Melody transmitiu mais conselhos de seu professor:

– Lembre-se, Jarvis, nada disso é hoje. Volte para o agora. Você pode controlar a sua mente.

Você pode controlar a sua mente. Essas palavras desencadearam uma lembrança de uma vez em que ele as ouvira.

– Vamos treinar seu corpo e sua mente.

Foi o que Jarvis ouviu assim que entrou para a BGF.

Havia um treinamento físico semelhante ao militar, que incluía calistenia, corridas pelo pátio e artes marciais. Os soldados passavam horas marchando. Faziam isso repetindo as palavras do instrutor no ritmo da marcha. O instrutor gritava:

– Não posso parar.

E os recrutas repetiam:

– Não posso parar!

E a coisa continuava:

– Não vou parar.

– Não vou parar!

– Nunca aceitar.

– Nunca aceitar!

– Nunca cair.

– Nunca cair!

– Quem diz?

– Nós dizemos!

– Máquina.

– Máquina!

– Máquina em ação.

– Máquina em ação!
– Máquina que nunca vamos largar.
– Máquina que nunca vamos largar!
– Do lado do muro.
– Do lado do muro!
– A liberdade chama.
– A liberdade chama!

As vozes de sessenta homens negros gritando essas palavras ecoavam em toda a San Quentin, no refeitório, nos pátios norte e sul, no escritório do diretor do presídio.

O treinamento se intensificou. Jarvis praticou ditados em suaíli e inglês e aprendeu a confeccionar facas, pistolas caseiras e explosivos. As responsabilidades dele incluíam copiar e entregar "pipas" – mensagens codificadas – de um membro da BGF a outro.

Ele recebeu a responsabilidade de monitorar o andar e repassar contrabando entre os membros.

Os instrutores também treinaram a mente dele. Foi instruído sobre a história da BGF, da Nação do Islã e do Partido dos Panteras Negras. Estudou a doutrina da BGF, sua constituição e seu código de conduta.

Jarvis contou a Melody que o treinamento conseguira politizá-lo e dar-lhe um propósito que ele nunca tivera, mas também lhe ensinara a não sentir nada. Ele era duro, mas o treinamento o deixara ainda mais duro.

Jarvis se perdeu em pensamentos. Quando voltou a falar, disse ter percebido que o treinamento para a organização havia começado de verdade quando ele nascera. Ao longo da vida, fora ensinado a receber e infligir punições enquanto silenciava a própria consciência, escondia seu medo e suprimia sua vontade. Mas agora estava envolvido em um tipo totalmente diferente de treinamento mental e começava a sentir os efeitos dele. Ele sentiu um arrepio percorrer seu corpo quando percebeu que tinha 24 anos e estava na prisão enfrentando uma acusação de assassinato que poderia resultar em sua morte. Mas estava de volta ao treinamento.

3 – CICATRIZES

Além de escrever para o trabalho, Melody escrevia ensaios sobre o sistema de justiça penal para jornais e revistas. Em uma das visitas, ela mostrou a Jarvis uma matéria que tinha escrito sobre crianças que visitavam os pais na prisão. Ele respondeu de um jeito muito atencioso, e essa reação deu a ela uma ideia. Melody ainda estava desenvolvendo o relatório sobre a vida dele e perguntou se ele a ajudaria escrevendo respostas a algumas perguntas que ela apresentaria.

Jarvis nunca aprendera a ler ou escrever bem, mas, quando tinha 12 ou 13 anos, uma das pessoas que lhe davam aula no programa para menores em conflito com a lei pediu-lhe que escrevesse uma história e disse que ele tinha talento para a escrita. Além de cartas, ele nunca havia escrito para ou sobre si mesmo. Estava inseguro porque tinha um vocabulário limitado e sua gramática era sofrível, mas concordou em tentar. Levou as questões de Melody para a cela e as respondeu com sinceridade.

Quando leu as respostas, Melody também enxergou o talento dele.

Ela participava de um grupo de mulheres escritoras em que ela e as amigas faziam exercícios de escrita, então sugeriu que eles dois fizessem alguns dos exercícios. Eles combinavam um tema, "chuva", por exemplo, ou "uma conversa entreouvida". Ela tirava o relógio do pulso e o colocava em uma prateleira pequena entre eles.

– Certo – dizia. – Dez minutos. Já.

Ela levava os exercícios dele para as reuniões do grupo de escrita e voltava para San Quentin com as opiniões das outras integrantes. Na prática, Jarvis acabou se tornando um membro do grupo, o único homem e o único prisioneiro.

Jarvis começou a escrever na cela. Escrevia com a carga de caneta BIC, que era, segundo dissera a Melody, seu bem mais precioso. Como não tinha mesa nem escrivaninha, ele enrolava o colchão e o enfiava em um canto, depois se sentava de pernas cruzadas no chão, colocava uma folha de papel na base de concreto nua que servia de cama e escrevia fervorosamente durante horas. O papel era difícil de conseguir; para acomodar o maior número possível de palavras em cada página, ele desenvolveu uma caligrafia minúscula e regular que quase parecia datilografada. Às vezes passava a noite toda escrevendo. Nunca imaginou que houvesse algo em que poderia ser bom, um talento, e a inspiração para fazer algo construtivo – a simples inspiração – era um sentimento novo. A escrita lhe dava um tipo de força diferente da que vinha das facas e armas – mais sutil, mas não menos palpável.

"Você conhece uma pessoa completamente diferente quando começa a escrever sobre si mesmo", escreveu ele para Melody.

A escrita o abriu para sensações desconhecidas e memórias que ele havia perdido, muitas das quais, inclusive, ele não queria lembrar.

– Entendo como eu estava destruído, acredite – disse ele. – Algumas experiências do meu passado foram como de um filme de terror.

Escrever não só fazia Jarvis se lembrar, mas o fazia perceber mais coisas também. Ele sentia na pele o vento que entrava pelo vidro quebrado da janela que ficava no corredor de sua cela. Ouvia os gritos tristes das gaivotas e apreciava o calor reconfortante do sol em seu rosto quando estava no pátio para as breves três horas, três vezes por semana, durante as quais tinha permissão para ficar na área externa. Ele notava a luz e as sombras se movendo pelas paredes e pelo chão de sua cela. Entreouvia as conversas entre detentos e guardas. Prestava atenção no sotaque e no linguajar deles e registrava os diálogos.

Jarvis percebia sons com os quais convivia, mas que nunca tinha escutado: o ranger das rodas do carrinho de comida ao longo do corredor, o ritmo estridente com que as chaves e as algemas ressoavam nos cintos dos guardas que passavam por sua cela, a corrida de algum rato e a babel de estações de rádio sintonizadas em música country, metal, blues e no falatório de pastores e comentaristas.

Essa percepção intensificada foi filtrada para dentro de sua meditação. Ele percebia seu entorno: sentimentos, ruídos, cheiros. Mas sentia ainda mais intensamente um mundo novo de sensações dentro de seu corpo. Descobriu a rigidez em seu abdômen, a tensão e a distensão alternadas de seus pulmões, o estresse que latejava nas têmporas, o peso pulsante da ansiedade em seu peito.

Quando descreveu essas sensações para Melody, ela explicou que ele estava descobrindo a atenção plena, uma forma de meditação.

– Você se torna totalmente presente no momento. Experimente. Quando sua mente divagar, retorne ao seu corpo, ao que sente fora e dentro de você, e respire.

✳ ✳ ✳

O treinamento autoimposto de Jarvis começava diariamente com duas horas de meditação seguidas de exercícios. Ele registrava seu progresso em um calendário que havia desenhado. Quatrocentos abdominais, quinhentas flexões, quinhentos ou mais agachamentos com saltos, e tudo de novo. Em seguida, caminhava de uma ponta a outra da cela 520 vezes, o que correspondia a 1,6 quilômetro. Ou então corria no lugar até o guarda chegar com o carrinho de comida trazendo o café da manhã: panquecas com textura de papelão ou ovos em pó, mexidos, algumas fatias de pão e um sachê de café instantâneo que ele misturava com água morna da pia.

Nos fins de semana ou nas épocas em que o tribunal não estava em sessão, a rotina matinal era seguida da redação de cartas e de respostas para mais perguntas de Melody, jogos de xadrez com outros prisioneiros do andar (eles gritavam as jogadas, que reproduziam em suas respectivas celas) e leitura. Nas poucas e estimadas horas que lhe era permitido ficar na área externa, ele ia ao pátio para respirar ar puro.

Certo dia, Jarvis estava no pátio observando um grupo de homens sem camisa levantando pesos. Embora fosse uma visão comum, ele nunca prestara atenção. Nunca tinha percebido como aqueles corpos eram marcados por cicatrizes – marcas de chicotes, cintos, correntes, facas, balas e fogo. Aquilo o fez se lembrar dos corpos marcados dos homens escravizados, que ele tinha visto em fotos antigas de livros, e de suas próprias cicatrizes.

Com tristeza, percebeu que todos aqueles homens haviam suportado maus-tratos e dores como os que ele sofrera e alguns sobreviveram a coisas piores. Quando ficava sozinho com eles no pátio, perguntava, com certo tato, sobre as cicatrizes. Alguns não lhe davam conversa, mas outros falavam abertamente. Um deles contou como o pai o espancava com uma barra de aço. O pai de outro usava uma chave de roda.

As cicatrizes do próprio Jarvis estavam quase apagadas, mas

uma, no antebraço esquerdo, sobressaía. Quando era adolescente, em uma detenção para menores em conflito com a lei, conselheiros encostavam cigarros acesos nos braços dos meninos e apostavam qual deles deixaria o cigarro queimar por mais tempo sem tirar o braço. Os perdedores apanhavam.

Depois, quando Jarvis contou a Melody sobre as conversas no pátio, ela o encorajou a escrever a respeito delas.

Ele se debruçou sobre uma folha de papel e riscou uma linha de cada vez. "Uma profunda tristeza tomou conta de mim enquanto eu observava aqueles homens fortes levantando mais de 100 quilos acima da cabeça", escreveu. "Percorri o pátio com os olhos e fiz a terrível descoberta de que todos os outros tinham os mesmos cortes profundos – atrás das pernas, nas costas, nas costelas –, marcas da violência em nossa vida… A história de todos nós em San Quentin era muito semelhante, era como se tivéssemos o mesmo pai e a mesma mãe."

Algumas semanas depois, ele entregou a Melody meia dúzia de páginas, desconfortável, mudando de posição enquanto ela lia.

Ela ficou maravilhada com a história dele. Além da escrita sólida, ela viu o texto como um testemunho extraordinário de seu progresso desde que se conheceram. Naquela época, ele não tinha consciência de si mesmo, muito menos a capacidade de enxergar os outros. Não se importava com nada nem ninguém além de si mesmo. Agora ele reconhecia o sofrimento dos outros, respondia com compaixão e associava a dor dos outros à sua própria dor.

Melody teve um pensamento que a fez sorrir. Por conta própria e sem saber, Jarvis tinha chegado à essência do budismo.

* * *

Muitos prisioneiros encontravam conforto na religião, mas, depois de uma vida inteira de abusos em nome de Deus, Jarvis a via com desdém. Ele tinha uma lembrança positiva da fé por causa do primeiro casal que o acolhera num lar temporário. Quando tinha 5 anos e foi separado da família, um assistente social o levou para morar com Mamie e Dennis Procks, um casal idoso, sem filhos, que comemorou sua chegada com alegria. Mostraram a ele a casa recém-pintada em uma rua tranquila e arborizada onde crianças brincavam e andavam de bicicleta. Ele ficou surpreso quando lhe mostraram seu quarto. Quando morava com a mãe, dividia um quarto minúsculo com os irmãos e dormia em um colchão manchado de xixi. Na casa dos Procks, ele tinha o próprio quarto, uma cômoda abastecida com roupas limpas, um armário cheio de brinquedos e a própria cama com lençóis passados a ferro.

Todas as noites, antes de ir para a cama, Mamie o fazia rezar. Quando ela o fazia rezar pela mãe, Jarvis perguntava por quê. Mamie dizia que a mãe dele o amava e era difícil para ela estar separada dele. Ela fazia Jarvis falar sobre Cynthia e a falta que sentia dela. Mamie o mandava rezar por Cynthia porque ela tinha passado por momentos difíceis. Ele sentia falta da mãe e às vezes ficava com raiva por ela não estar por perto. Não entendia por que ela não estava ali nem para onde tinha ido. Quando pensava nisso, se compadecia de si mesmo. Mas Mamie o fazia se compadecer *dela*.

Enquanto os Procks encarnavam a generosidade e a bondade cristãs, o casal que acolheu Jarvis em seguida vivia falando do amor de Jesus, arrastava-o para a igreja, mas o espancava e o deixava passar fome. Juízes invocavam Cristo ao proferir sentenças cruéis. Um deles recomendou "Olhe para Jesus em seu coração" antes de o enviar para um centro de detenção de jovens "para aprender alguma disciplina", o que aparentemente significava ser queimado, espancado e forçado a brigar com outras crianças.

Melody e Jarvis haviam discutido religião, e ela sabia que ele tinha bons motivos para tratar o assunto com desconfiança. Ela se sentia da mesma maneira até o professor de meditação ajudá--la a encarar sua mágoa em relação aos pais violentos e à perda da irmã. Para aprender com as histórias budistas não era preciso acreditar nos princípios fundamentais da fé, como reencarnação e carma, e as parábolas a inspiravam. Juntamente com a meditação, o estudo do budismo a ajudara a encontrar a cura.

Jarvis admirava o fato de Melody não ser uma seguidora cega e ficou intrigado quando ela disse que as parábolas budistas "nos fazem pensar de um jeito novo e nos libertam dos padrões de pensamento que causam o nosso sofrimento".

Ela lhe enviou um livro sobre filosofia budista. Certa noite, ele pegou o livro e leu sobre uma vida anterior do Buda, em que ele era um jovem príncipe que, caminhando pela floresta, se deparou com uma tigresa que estava morrendo de fome e não podia alimentar os filhotes. O príncipe ofereceu o próprio corpo à tigresa para salvar a ela e aos filhotes da morte.

A compaixão e a generosidade na moral da história não fizeram sentido para Jarvis. Ele pensou: "*Mas isso é uma baita burrice. Ele morreu para salvar uns tigres?*"

* * *

Enquanto o julgamento prosseguia, Melody encorajava Jarvis e os advogados o tranquilizavam, dizendo que a verdade viria à tona, mas todo o otimismo e a suposta coragem que ele tinha estavam se esvaindo. Ele tentava não pensar nos piores desfechos possíveis do julgamento, mas não conseguia evitar. Esquecer a possibilidade de sair e ir para casa, ter uma vida normal. Esquecer a chance de conviver com Carlette, os outros irmãos e a família deles, de ver as crianças deles crescerem, de jantar em família aos domingos, de ter a *própria* família.

Ele estava assimilando a possibilidade de uma condenação por assassinato, além do fato de que poderia morrer na prisão.

Em uma das noites que passou acordado, surtando, com medo, oscilando entre desesperança, pânico e raiva, imaginou-se sendo trancado na câmara de gás. As têmporas latejavam com tanta força que pensou que fosse desmaiar. A meditação o ajudou a encontrar momentos de relativa paz, mas não era suficiente para livrá-lo daqueles pesadelos que tinha quando acordado. Ele entrou numa depressão ainda mais profunda, sentindo que nunca sairia dela. Na manhã seguinte, escreveu para Melody e admitiu que, às vezes, pensava em suicídio. "Não vou fazer isso", escreveu. "Não se preocupe. Mas não dá para deixar de pensar nisso estando aqui."

Os guardas continuavam a provocá-lo. Sabia que estavam torcendo para ele reagir e eles terem uma desculpa para espancá-lo. Na maior parte do tempo, ele conseguia se conter, mas às vezes eles iam longe demais. Uma vez, ele xingou uma dupla de guardas e foi arrastado até o final do andar e atirado no que chamavam de "cela silenciosa". Por trás de duas portas de aço, a seção abrigava alguns dos detentos mais violentos e desequilibrados, era como uma enfermaria de confinamento em um hospital psiquiátrico. Os prisioneiros gemiam, choravam, uivavam e gritavam a noite toda. Jarvis tinha vontade de gritar junto com eles. Deitado em sua cama, ele tapava os ouvidos com as mãos e lutava contra a vontade de chorar.

* * *

A meditação proporcionava certo alívio dos horrores da cela silenciosa. Jarvis também aproveitava seu tempo se exercitando compulsivamente e, quando conseguia se concentrar, escrevendo cartas e lendo, até ser transferido de volta para sua cela anterior no Centro de Correção três meses depois.

* * *

No final daquela primavera, o júri deu início às deliberações. Enquanto esperava o veredicto, Jarvis foi mantido em uma cela da carceragem próxima ao tribunal. Um dia, Melody fez uma visita e deu a ele um panfleto com a foto de um idoso na capa. O homem tinha o rosto enrugado, bigode e barba ralos, sobrancelhas crespas e desgrenhadas e olhos que pareciam olhar diretamente para ele. A legenda oferecia textos gratuitos do "lama" Chagdud Tulku Rinpoche. Jarvis escreveu para o endereço e os solicitou. Em um bilhete, ele descreveu a si mesmo como um prisioneiro que fora acusado de um assassinato que não cometera. Se fosse condenado, poderia ser sentenciado à morte. Disse que vinha meditando regularmente, mas admitiu que, com o julgamento pairando sobre ele e com a necessidade de ser cauteloso com guardas que o ameaçavam, estava tendo dificuldade para manter a prática.

Naquela noite, quando voltou à sua cela, Jarvis entregou a um dos guardas a carta a ser enviada e não pensou mais no assunto. Na época, ele estava tentando *não* pensar, especialmente no veredicto iminente. Ele tentava continuar pensando positivo – era inocente, então é claro que seria inocentado –, mas assistiu aos depoimentos desfavoráveis e tentou se preparar para o caso de as notícias serem ruins.

O julgamento continuou por dois anos angustiantes, até que Jarvis foi informado de que o júri tomara uma decisão e foi conduzido da cela para o tribunal.

Parecia impassível quando ele e seus advogados foram instruídos a se levantar e a juíza perguntou ao presidente do júri se haviam chegado a um veredicto. O presidente do júri disse que sim.

Eles o consideraram culpado.

Jarvis havia se preparado mentalmente para aquele momento, mas, ainda assim, não parecia possível. A juíza anunciou que, em seguida, o julgamento avançaria para a fase de definição da sentença e Jarvis foi levado de volta à cela, onde se deitou e fechou os olhos. Quando voltou a abri-los, afundou em uma espiral de raiva cega da qual nenhuma meditação, nenhum ensinamento, nenhuma parábola poderia tirá-lo.

* * *

Iniciou-se a fase de juízo da causa e, como esperado, a promotoria argumentou a favor da pena de morte. Na defesa, os advogados usaram testemunhas que Melody havia localizado, determinados a convencer os jurados a poupar a vida de Jarvis. Eles esperavam que o depoimento das pessoas que o conheceram quando era mais novo e os relatos da violência e do abandono que sofrera na infância e na adolescência convencessem o júri de que ele não deveria ser executado. Também seria a primeira vez que Jarvis falaria no tribunal.

Preparado pelos advogados, ele leu uma declaração que Melody o ajudara a redigir. Quando terminou de ler, respondeu às perguntas dos advogados sobre seus anos na prisão. Falou com franqueza, exceto quando questionado sobre a Black Guerrilla Family. O código de conduta da BGF não expirava, e Jarvis permanecia leal a ele, recusando-se a falar sobre a organização. Como não aceitou falar sobre a BGF, a juíza Savitt ordenou que todo o depoimento fosse retirado dos autos e que os jurados desconsiderassem o que ele dissera.

Depois de testemunhar, Jarvis foi consumido pela culpa por haver revelado a negligência e os maus-tratos da mãe. Ele sentia que a tinha traído ao contar segredos de família. Embora Melody tivesse assegurado que ele fizera a coisa certa, ele continuou angustiado.

Ela achou então que poderia ser útil se ele escrevesse uma carta para Cynthia. Eles dois sabiam muito bem como escrever poderia ajudar a clarear os pensamentos. E, embora Cynthia estivesse morta, Melody sugeriu que Jarvis escrevesse para ela como se estivesse viva.

"Querida mamãe", escreveu ele, "[no tribunal] fiz o que sei que você gostaria e mantive a cabeça erguida enquanto contava tudo que passei. Se falei algo que a magoou mais do que magoou a mim, me desculpe por seu descanso ser ainda mais doloroso."

Ele listou as maneiras pelas quais ela o magoara, como o usara para "aumentar o preço do sexo" dizendo aos homens que "tinha que cuidar das crianças", sem nunca pensar no fato de que ele e seus irmãos a ouviam com os homens no quarto. Ele perguntou por que ela não intervinha quando Otis [o namorado dela] batia nele e nas outras crianças.

"Você amava Otis mais do que a nós... mesmo quando ele cafetinava você feito uma cachorra?"

Jarvis escreveu sobre como se sentia quando ela estava sob o efeito de drogas: "Eu olhava você deitada na cama... Sentia sempre que você era a mamãe quando estava dormindo e uma estranha quando estava acordada... Mamãe, todos nós tínhamos medo de você. Ninguém sabe como você nos chicoteava. Ninguém sabe das muitas coisas que as drogas a obrigaram a fazer."

Mas depois ele suavizou: "Às vezes meus pensamentos me dizem que eu também deveria odiar você, mas a vida expôs você a tanto ódio que, quando vejo seus olhos nas minhas lembranças, você é uma menininha que precisa de alguém – que precisa de um pai, exatamente como nós todos precisávamos."

Ele concluiu: "Mamãe, preciso enfrentar essas lembranças... elas estão me matando... Vou odiar tudo que matou você. Nós partilhamos a mesma dor, mamãe, mas simplesmente não consigo crescer sofrendo assim. Preciso me entregar a isso, me libertar, dar sentido a tudo. Mamãe, sei que você me amou e juro que amo você. Por favor, me perdoe e [não] me culpe [pelo que eu disse no tribunal]. Não é segredo se o medo vive e existe na mente. Mas, merda, agora estou com medo de você e este sentimento de culpa é o motivo pelo qual escrevo pedindo seu perdão."

Ele assinou "JJ – 3:58 da manhã".

A carta partiu o coração de Melody. Jarvis estava pedindo desculpas à mãe, mas o que precisava era de um pedido de desculpas *dela*, algo que ele nunca teria.

* * *

A fase do juízo de causa durou três semanas. Além de Jarvis, parentes, antigos conselheiros e pais e mães temporários falaram sobre as dificuldades dele no início da vida, depoimentos que tinham a intenção de despertar a simpatia do júri. No entanto, a promotoria argumentou que a história de vida de Jarvis não o isentava dos crimes que cometera, mas sim os documentava.

A promotoria mais uma vez enfatizou o longo histórico de Jarvis, sua violência na prisão do condado de Los Angeles, seu histórico de advertências por brigas em San Quentin e outros crimes pelos quais ele nunca foi acusado ou condenado.

Ao contrário da fase de julgamento da culpa, eles foram autorizados a levantar acusações infundadas; o pressuposto "inocente até prova em contrário" tinha chegado ao fim quando ele foi declarado culpado. Os promotores o retrataram como alguém de coração frio e incapaz de sentir remorso, mas, ainda assim, foi um choque quando o júri o sentenciou à morte.

* * *

A fase final do julgamento veio em seguida. Juízes em casos que envolvem pena de morte podem confirmar ou modificar as recomendações do júri com base na própria avaliação das provas. A equipe jurídica de Jarvis acreditava que a vida dele poderia ser poupada, especialmente porque a vida dos outros réus condenados (o homem que apunhalara o guarda e o que encomendara a morte) tinha sido poupada. Eles foram sentenciados a prisão perpétua sem direito a liberdade condicional.

A juíza Savitt levou um mês revendo o caso antes de convocar Jarvis ao tribunal para ouvir a decisão dela, em julho de 1990.

Michael Satris, um renomado advogado criminalista, fez o apelo final. Ele se levantou e falou, com eloquência triste, pedindo à juíza Savitt que tentasse "viver a experiência de Jarvis Masters... passar pela vida que Jarvis passou: ser sacudido ainda no útero pela violência que literalmente esperava o nascimento dele, nascer em meio à brutalidade, ser abandonado, ser rejeitado, viver no gueto e sentir aquela dor, sentir aquela vergonha".

Ele pediu à juíza que considerasse a vida de Jarvis a partir de então, sendo retirado da guarda da mãe e separado das irmãs, que eram a única família consistente que ele tinha, "para ser isolado e derramar suas lágrimas".

Satris descreveu a entrada de Jarvis no sistema de lares temporários, que, tirando os Procks, foi um "mundo de violência e crime" e, por sua vez, o levou a instituições cruéis, uma depois da outra.

E então, a San Quentin e ao confinamento solitário. "Nós sabemos o que as condições desse tipo de confinamento podem fazer a uma pessoa."

"O extraordinário", continuou Satris, "é o modo como ele conseguiu superar a violência, mesmo com os recursos e oportunidades limitados que tinha. E ele a *superou*. E há provas que corroboram o programa de longa data de amadurecimento, reabilitação, desenvolvimento, o que vocês quiserem chamar, que permitiu ao Sr. Masters superá-la. E quão forte, quão invencível é o espírito humano para que qualquer um de nós e nossos filhos possamos ter tamanha confiança de que teríamos sido capazes de suportar as condições, os efeitos que a criação do Sr. Masters teve sobre ele melhor do que ele tem sido capaz de fazer?"

Satris encerrou implorando à juíza que "buscasse fundo dentro" de si, pois ela poderia modificar a sentença do júri e poupar a vida de Jarvis.

Em seguida, a promotoria argumentou que as "evidências agravantes" em muito superavam as atenuantes. Mais uma vez a acusação listou os assaltos à mão armada pelos quais Jarvis tinha sido condenado e alegou que ele havia participado dos crimes violentos que haviam mencionado antes, terminando assim a apresentação. Era a vez da juíza Savitt.

A juíza começou admitindo que houve momentos "fugazes" ao longo do julgamento em que ela se perguntou por que, antes de tudo, tinha aceitado o caso. Ela também declarou sua oposição à pena de morte, mas disse que tinha a responsabilidade de aplicar a lei, concordando com ela ou não. "É meu dever."

Então ela falou diretamente a Satris: "O senhor tornou o Sr. Masters... um ser humano. Ele nasceu no inferno. Ele nasceu por razões que são quase incompreensíveis para mim. Se as pessoas não querem filhos, não deveriam tê-los. Aparentemente, a mãe dele não sabia como não os ter."

Savitt reconheceu que foi uma tragédia Jarvis ter sido tirado dos Procks. Foi quando "ele desistiu de si mesmo, e foi aí que se tornou uma pessoa muito destrutiva". Então ele entrou no sistema prisional, "outro inferno".

Savitt respirou fundo. Quando continuou, disse algo que deixou Jarvis chocado. Ela alegou que, em grande medida, o compreendia "tão bem quanto alguém criada na classe média branca poderia compreender" e em seguida passou a abordar as circunstâncias agravantes.

Como provas contra ele, citou a violência no passado de Jarvis, inclusive os assaltos. Ela também citou a recusa dele em ser interrogado sobre a BGF e disse acreditar que essa recusa contradizia as declarações dele de que havia abandonado a organização.

"Senhor Masters, por favor, levante-se", disse ela.

Jarvis se levantou.

Ao longo daqueles dois anos, ele às vezes vislumbrara certa cordialidade no rosto da juíza. Agora, qualquer simpatia que ele tivesse visto ou imaginado fora substituída por dureza.

"É a ordem deste tribunal que o senhor receba a pena de morte. A pena mencionada será imposta no interior dos muros da Prisão de San Quentin, na Califórnia, da maneira prescrita pela lei."

PARTE 2

A SEGUNDA NOBRE VERDADE

A causa do sofrimento

"Deus sussurra em nossas alegrias,
fala em nossa consciência, mas se cala em
nossas dores: é o megafone que ele usa para
despertar um mundo ensurdecido."
– C. S. Lewis

4 – CONDENADO

Os guardas permaneceram em silêncio no trajeto de volta do tribunal, mas o barulho irrompeu quando a viatura entrou na prisão. Jarvis ouviu as buzinas dos carros e os guardas comemorando. Através das janelas cobertas por telas metálicas, ele viu os agentes penitenciários fazendo sinal de positivo com as mãos uns para os outros. Estavam celebrando sua sentença de morte.

Jarvis foi conduzido da viatura para sua cela. Mais tarde naquela noite, ele ouviu passos e depois batidas fortes. Olhou para os feixes ofuscantes das lanternas que os guardas seguravam. Um deles mandou que se aproximasse da grade. Jarvis achou que estavam ali para matá-lo. Justiceiros. Linchamento. Protegendo os olhos com as mãos, tremendo, levantou-se e cambaleou para a frente.

— Temos que ler isto — comunicou um dos guardas. — Você tem que assinar.

No final das contas, eles não estavam ali para matá-lo, mas para cumprir a leitura obrigatória da ordem de execução. Jarvis assinou a folha de papel que o condenava à morte.

※ ※ ※

Na manhã seguinte o café da manhã foi entregue como de costume e o dia transcorreu como se nada tivesse mudado.

Também como de costume, a correspondência foi entregue à noite. Jarvis examinou um grande envelope de uma mulher chamada Lisa Leghorn, que explicava, em um bilhete, que era assistente e intérprete de Chagdud Tulku Rinpoche, o lama budista para quem Jarvis escrevera alguns meses antes. Leghorn escreveu que Rinpoche estava feliz por Jarvis ter entrado em contato com ele e mencionou um livrinho que estava dentro do envelope intitulado *Vida e morte no budismo tibetano*, que continha a transcrição de uma palestra do lama. "Leia", dizia ela. "Veja se ele mexe com você."

Jarvis pegou o livro e na mesma hora ficou fascinado. Na primeira página o lama descrevia a morte como um tema que as pessoas muitas vezes ignoram ou sobre o qual refletem com frivolidade, como se não tivesse importância. E o autor dizia: "É uma boa teoria, até que a pessoa esteja morrendo. Aí a experiência e a teoria divergem." Ele continuava: "Nessa hora, ficamos impotentes e tudo que era familiar se perde. Somos dominados por uma grande turbulência de medo, desorientação e confusão. Por isso é essencial se preparar com antecedência para o momento em que mente e corpo se separam."

Jarvis fechou o livro e respirou fundo. Uma emoção familiar, sufocante, veio à tona: angústia. Mas ele continuou lendo. O professor dizia que todas as pessoas deveriam se preparar para a morte, e uma forma de encará-la era pensar nas maneiras como poderiam morrer. Ele listava um desastre de avião, um acidente de automóvel, uma doença terminal e uma facada de um assaltante. Não mencionava a câmara de gás.

Outra abordagem eram as chamadas "contemplações meditativas". Jarvis as leu até chegar a uma que o fez estremecer. As pessoas deveriam se fazer duas perguntas todas as noites antes de dormir: "Se eu morrer esta noite durante o sono... o que eu fiz da vida? Trouxe benefícios ou causei danos?"

Jarvis não precisou de tempo para refletir sobre sua resposta. Sabia que não havia beneficiado ninguém e havia causado danos incalculáveis.

Ele leu a noite toda. A manhã estava raiando quando virou a última página, mas ele estava bem acordado. Não acreditava em presságios, mas ficou abalado ao pensar que em seu primeiro dia no corredor da morte o correio lhe trouxera um guia detalhado sobre como morrer.

* * *

Jarvis escreveu uma resposta a Chagdud Tulku e à tradutora, agradecendo o livro e explicando o que acontecera desde a primeira vez que escrevera: ele recebera a pena de morte. Ele contou que estava tentando aceitar aquilo e admitiu que estava com medo.

O correio da prisão era lento e levou um mês para que ele recebesse uma resposta. O lama disse compreender a confusão e o medo de Jarvis, mas assegurou que ele era afortunado: aquela situação era uma dádiva. "Você pode usar suas circunstâncias para seu aperfeiçoamento e para o benefício dos outros", afirmou o lama. O pensamento deixou Jarvis perplexo. Estar no corredor da morte não era dádiva coisa nenhuma.

O lama escreveu que todas as pessoas tinham sido sentenciadas à morte e, nesse sentido, Jarvis não era único. A ideia também irritou Jarvis. Sim, ele pensou, todo mundo vai morrer, mas nem todo mundo vive a 100 metros do local da própria execução.

"Todos vivemos em uma prisão e todos temos a chave", escreveu Chagdud Tulku. *Mais papo furado condescendente,* Jarvis pensou. *Você não vive na prisão. Eu vivo na prisão. Você pode ter uma chave, mas as chaves da minha cela estão penduradas no cinto dos meus carcereiros.*

A raiva de Jarvis diminuiu quando o lama apresentou orientações concretas: "Persevere na meditação, porque ela nos permite uma percepção sobre nossa própria mente e suas projeções. O medo está na mente. O arrependimento está na mente." Esse conselho relembrou a Jarvis a descrição que o professor de Melody fizera do medo como "apenas um pensamento", que o tinha ajudado tempos antes.

A chave, dizia o professor, era a prática. Jarvis deveria meditar pelo menos duas vezes ao dia, mesmo quando fosse difícil. Disse que Jarvis deveria se permitir sentir dúvida, confusão, raiva e medo. "É normal que você se sinta assim." Por fim, o lama disse: "Se você precisar de ajuda, estamos aqui. Você agora é da família."

Uma nova família. Quando Jarvis leu aquela palavra, os últimos resquícios de raiva desapareceram.

※ ※ ※

Jarvis tentou seguir as instruções do lama, mas seu desespero só piorou nos meses seguintes. Amigos e advogados o visitavam e tentavam apoiá-lo. Os advogados disseram que o julgamento tinha sido uma farsa e garantiram que ele ganharia na apelação. Kelly Hayden, uma assistente jurídica que se tornara sua amiga, o visitou e se solidarizou com ele. Ela acreditava que a condenação e a sentença eram racistas e afirmou isso. Disse: "Não leve para o lado pessoal." Eles trocaram olhares horrorizados e caíram na gargalhada. Foi um breve instante de leveza.

Naqueles primeiros dias, Jarvis ficou obcecado com a sentença de morte e com a mensagem por trás das palavras da juíza antes de condená-lo: "Se as pessoas não querem filhos, não deveriam tê-los. Aparentemente, a mãe dele não sabia como não os ter." Ele repassava aquelas palavras na própria mente: *Se minha mãe não devesse ter me dado à luz, eu nunca deveria ter nascido; o mundo seria um lugar melhor sem mim.*

Essas palavras confirmavam seus piores sentimentos sobre si mesmo, uma mensagem reforçada desde que ele era criança. A juíza tinha visto a alma dele. Ele tinha nascido para ser um inútil. As pessoas que o consideravam maligno estavam certas.

Carlette veio, mas não havia muito que qualquer um dos dois pudesse dizer. Ela chorou e foi embora.

Ele tentou reler *Vida e morte no budismo tibetano*, mas não suportou.

Em uma carta para Chagdud Tulku, Jarvis admitiu que estava recaindo no "lugar mais sombrio" e não sabia se conseguiria sair de lá sozinho. O lama disse que ele e Lisa estavam ali se ele precisasse de ajuda. Jarvis precisava muito de ajuda agora e a pediu.

Em sua resposta, Lisa sugeriu que conversassem pessoalmente, e ele concordou de imediato. Um mês depois, quando a solicitação dela foi aprovada, Lisa foi a San Quentin.

Jarvis esperava uma tibetana parecida com o lama da fotografia, mas Lisa parecia uma menina hippie. Ela não era uma estudiosa budista fria e distante; era franca, gentil e engraçada.

Depois de um pouco de conversa informal, Lisa explicou que ela e Rinpoche entendiam o desespero de Jarvis e a dificuldade em meditar naquele estado.

– Sim, é difícil, mas pode salvar você. A meditação é mais difícil quando mais estamos com medo, porque nos obriga a enfrentar nossos medos no momento em que tudo que queremos é fugir deles. Mas é a única saída para a nosso sofrimento. É difícil perceber isso de onde você está – reconheceu ela –, mas é como caminhar de uma montanha a outra. Se pensar na distância que tem que percorrer, você fica petrificado e nunca dá o primeiro passo. Simplesmente dê esse passo.

– Eu queria – disse Jarvis. – Não consigo. Eu tento. – Ele trouxe à tona algo que o estava atormentando: – Nesses livros, vejo imagens de budistas de túnica sentados no alto da montanha, cantando em jardins de flores brancas e céu azul. Talvez funcione nesses lugares, mas como é que vou me sentar nesse buraco do fim do mundo e rezar para um homem gordo de pedra? Convivo com estupradores e assassinos. Todo mundo fala em iluminação, em viver na luz. Mas eu vivo no inferno.

Lisa respondeu com uma parábola sobre uma mulher chamada Kisa Gotami que viveu na época do Buda. O filho dela morreu e ela foi dominada pela dor. Carregando o corpo sem vida do filho, ela partiu em busca do Buda. Depois de muitos dias, encontrou-o e implorou a ele que trouxesse seu filho de volta à vida. O Buda disse que faria um remédio que o traria de volta, mas que um ingrediente especial era necessário: grãos de mostarda vindos de uma casa que nunca tivesse sido tocada pelo sofrimento. Ele mandou Kisa Gotami sair para encontrá-los.

Ela foi de aldeia em aldeia e de casa em casa, batendo de porta em porta. As pessoas ficavam com pena dela e tinham prazer em ajudar, mas os grãos que ofereciam eram inúteis, porque toda pessoa que ela encontrava tinha sofrido.

Ela foi a mais aldeias e visitou mais casas, mas nenhuma havia escapado ao sofrimento. Estava desesperada quando chegou à milésima porta. Bateu, e uma mulher atendeu. Mais uma vez, ela implorou por grãos de mostarda. A mulher tinha alguns, mas então Kisa Gotami perguntou se ela havia passado por algum sofrimento na vida. A mulher olhou para ela. Sua vida tinha sido repleta de sofrimento.

Kisa Gotami chorou. Não estava chorando por si mesma, mas por todas as pessoas que encontrara. Por fim, compreendeu o que o Buda queria que ela percebesse: que ninguém escapa ao sofrimento e ninguém escapa à morte. Ela havia passado pelo que precisava para superar a própria dor. Sentiu compaixão pelos outros. Na narrativa de Lisa, no instante em que Kisa Gotami sentiu isso, ela compreendeu a universalidade do sofrimento e a impermanência da vida. Entendeu que seu filho havia se juntado ao vasto conjunto de almas que viveram e morreram. Entendeu que, em seu sofrimento, ela era como todos os seres humanos. Aceitou a morte do filho e foi libertada da dor. Ela despertou e alcançou o estado de iluminação como alguém que havia compreendido a verdadeira natureza da existência.

Jarvis estava calado. Ele já tinha ouvido e lido outras histórias budistas, mas, por algum motivo, aquela o tocou de forma diferente.

Um instante depois, um guarda bateu com força na porta, encerrando a visita.

※ ※ ※

Naquela noite, Jarvis ficou deitado na cama ouvindo o ruído incessante da prisão: um choro como um vento uivante, pigarro, tosse e os passos dos guardas. Depois de meses sem conseguir meditar, ele foi para o chão, cruzou as pernas e se sentou com as costas eretas. Inspirou o mais profundamente que já inspirara.

Em um estado como que num sonho, viu um homem sentado em meditação, seu corpo envolto em chamas. Ele se concentrou no meditador e o reconheceu. O homem era ele mesmo. Como se estivesse olhando através de uma lente de fotografia, visualizar um panorama, passando do interior da cela para uma visão do andar. De algum modo, viu o interior das outras celas, cada uma contendo um homem que também estava em chamas. Ele abriu o foco e viu San Quentin do céu. Desse ponto de vista, viu vários milhares de corpos em chamas. Ainda mais alto, das nuvens, viu casas pegando fogo por toda a região. Depois viu a Califórnia, que também estava envolta em chamas. Subiu mais. O país. Então o continente e, em seguida, o hemisfério ocidental. Logo ele estava observando do espaço. Daquela altura, viu o planeta inteiro flutuando na escuridão. A água era azul. As extensões de terra eram marrons e verdes. Nos pontos onde havia seres humanos, havia chamas ardentes.

Jarvis voltou para a prisão, para os milhares de homens em jaulas impróprias até mesmo para animais. Ele pensou em Kisa Gotami e percebeu que o sofrimento estava ao seu redor, em todos os lugares onde havia seres humanos. Quando abriu os olhos, estava tremendo e lágrimas escorriam por seu rosto.

5 – DESPERTAR

Alguns dos edifícios de San Quentin tinham mais de 150 anos. Quando chovia ou o nevoeiro era denso, a água vazava pelo teto e escorria pelas paredes. Aqueles dias passavam devagar, uma gota de cada vez.

Quando Jarvis começou a tentar meditar, mal conseguia ficar sentado por cinco minutos, mas com o tempo passou a ser capaz de ficar sentado por duas horas ou mais. No entanto, desde a experiência intensa de ver – de *sentir* – a onipresença da dor da humanidade, ele tinha parado.

– Não consigo – explicou a Melody. – Estou cansado. É demais para mim.

– O que está acontecendo? – perguntou ela.

– Isso simplesmente não é para mim.

– Acho que talvez você esteja com medo. – E ela relembrou Jarvis da própria apresentação à meditação: – Ficar sentada ali, enfrentando a dor, foi a coisa mais difícil que já fiz. Eu quis fugir, mas – ela fez uma pausa – a questão é que despertar dói. É normal ter medo. Continue. Existe um velho ditado: "A única saída é enfrentar." E é verdade.

Jarvis não ficou menos apreensivo, mas se forçou a sentar no chão naquela noite. Ficou na posição de lótus, fechou os olhos, inspirou o mais profundamente que conseguiu. Exalou e inspirou de novo, e continuou, mesmo quando sentiu o impulso de parar.

Sua atenção se dirigiu para o corpo. Ele percebeu como o coração batia depressa, como estava tenso. Examinou o sentimento por trás: era *medo*. Mas estava com medo de quê?

Ele sentiu queimar, o fogo que vira, que o consumiria se voltasse àquele lugar assustador. Lembrou-se das técnicas que Melody tinha ensinado e tentou afastar a imagem dos corpos queimando, mas não conseguia. Observou outra vez um corpo em chamas e o viu como sendo o dele.

Seu instinto era tentar escapar, mas plantou os pés e se manteve firme. Olhou mais de perto e viu que não era um homem em chamas, mas uma criança. Olhou com mais atenção ainda e viu que a criança era *ele*. Jarvis caminhou até a criança que queimava e entrou em seu corpo.

Ele tinha 4 ou 5 anos, antes de o Estado tirá-lo da própria família, e estava brincado com as irmãs. Cynthia entrou correndo, gritando com as crianças:

– Peguem suas coisas!

Mas era tarde demais. A porta foi escancarada e Cynthia empurrou as crianças para debaixo da cama dela, sussurrando com urgência:

– Não se atrevam a mexer nem um músculo.

Jarvis ouviu a voz de um homem.

– Cadê eles? – ele quis saber. – Vou matar você e vou matar aquelas crianças.

Então sapatos pesados entraram pisando forte no quarto. Jarvis ouviu a mãe berrar:

– Não!

E viu os sapatos pretos e pesados do pai indo na direção de Cynthia. Depois ouviu os tristes gritos dela. Ele a viu ser arrastada para fora do quarto e ouviu pratos quebrando, baques e gemidos. Por fim, a porta da frente bateu. Houve um silêncio e, em seguida, o som baixinho de uma pessoa se arrastando pelo chão e entrando no quarto. Embaixo da cama, Jarvis viu a mãe olhar para as crianças, para ter certeza de que estavam bem. O rosto dela estava coberto de sangue.

Revivendo a experiência, Jarvis estremeceu e logo se lembrou da técnica que aprendera. "Não quero você", disse enquanto tentava afastar a imagem. O pânico diminuiu um pouco, mas, quando terminou a meditação, estava suando frio.

Nos meses seguintes, quando meditava, voltava a outras lembranças. O namorado da mãe, Otis, se mudou para a casa depois que o pai dele foi embora de vez. Cynthia disse aos filhos que o chamassem de padrasto. Otis estava brincando com ele, rolando no chão, e eles se agarravam e lutavam. Era tudo brincadeira, mas então por que Jarvis estava com medo? A luta de mentirinha ficou séria e a mão de Otis recuou, avançou e acertou um tapa no rosto do menino. Os ouvidos de Jarvis zumbiram e ele sentiu gosto de sangue.

Ele olhou para cima e viu Otis vindo para cima dele de novo, dessa vez segurando um fio elétrico. Ele sentiu a fisgada. Uma, duas, três, quatro, cinco chibatadas. Otis disse:

– Não chora, senão vou bater com o dobro de força.

Outra vez, Jarvis olhou para o rosto radiante do irmão ainda bebê que segurava em seus braços. Cynthia e Otis tiveram gêmeos e ela devia estar ciente de suas limitações como mãe, porque disse a Jarvis e à irmã mais velha dele, Charlene, que os bebês estavam sob os cuidados deles. A menina, Carlette, era de Charlene; o menino, Carl, era de Jarvis.

Jarvis se dedicou a cuidar do irmão. Ele o abraçava, segurava a mamadeira, trocava a fralda e o fazia rir.

Certa manhã, quando ainda estava escuro lá fora, Jarvis ouviu gritos vindos do quarto onde os gêmeos dormiam e correu para lá. Otis estava de pé sobre o berço dos gêmeos. Jarvis foi até o berço e viu que Carl não estava se mexendo. Fez cócegas nos pés dele; Carl geralmente ria quando Jarvis fazia isso.

– Ele está morto – disse Otis.

Charlene correu para o quarto, olhou para o rosto de Jarvis e gritou para ele:

– Agora você está muito encrencado!

Jarvis tentou afastar aquela lembrança, mas não conseguia. Aterrorizado, abriu os olhos.

Ele contou a experiência a Lisa em uma carta: "Meditando, eu costumava me acalmar. Isso me ajudava a suportar a noite. Mas agora está me fazendo me sentir pior, trazendo à tona toda essa merda, essas lembranças terríveis que quero esquecer. Não é disso que preciso. É demais para mim."

A carta de Jarvis encorajou Lisa a levar na visita seguinte uma imagem, que ela segurou junto ao vidro. A figura mostrava um Buda segurando uma espada flamejante. Ela o chamou de "Mañjuśrī furioso". Jarvis disse:

– Agora, *esse* é um Buda que pode sobreviver em San Quentin.

Jarvis perguntou a Lisa para que servia a arma; toda aquela coisa budista não tinha a ver com paz, e não com briga? Ela explicou que a espada servia não para atacar inimigos externos, mas aqueles dentro de nós. Parecia representar a violência, mas seu propósito, na verdade, era "cortar a ignorância e os escudos que construímos ao longo da vida". Ela assegurou que a imagem de Mañjuśrī poderia ajudá-lo a enfrentar as lembranças mais assustadoras que surgiam quando ele meditava.

– Entendo o seu desejo de parar – disse ela –, mas a dor que você está sentindo é uma coisa boa.

Ele balançou a cabeça.

– A sensação não é boa.

– Mas vai libertar você.

Na meditação seguinte, ele imaginou a espada do guerreiro em sua mão enquanto buscava a lembrança de Carl. Logo a encontrou escondida dentro de um casulo cristalizado. O corpo de Jarvis se enrijeceu. Ele pegou a espada e a usou para cortar o casulo. O irmão estava lá dentro. Seu irmão caçula. Carl! Jarvis começou a chorar.

* * *

Sem que Jarvis percebesse, Lisa e Chagdud Tulku o estavam atraindo cada vez mais profundamente para o budismo. Havia dois anos Jarvis vinha assimilando os preceitos da religião e integrando as práticas em sua rotina diária. Por mais difícil que às vezes fosse, a meditação havia se tornado o centro de sua vida. Ele abraçou conceitos como o de Mañjuśrī, que pouco antes teria rejeitado como loucura.

Nos meses que se seguiram, Chagdud Tulku acrescentou yoga, prostrações e mantras à prática de Jarvis. Lisa ensinou a ele algumas posturas básicas de yoga e, depois, os mantras, que ela descreveu como sequências de sílabas para repetir enquanto meditava.

– A repetição de sílabas sagradas purifica padrões de pensamento e fala – explicou. – Repita-as e retorne à segurança que elas oferecem quando sua mente divagar.

Ela também explicou as prostrações:

– Quando colocamos as mãos unidas sobre a cabeça, estamos honrando as qualidades da forma iluminada, encarnada nos objetos da nossa fé – disse, demonstrando como fazer. – Levamos as mãos à garganta, honrando as qualidades da fala iluminada, e depois ao coração honrando as qualidades da mente iluminada. – Na cabine de visitas ela não tinha como ficar no chão para mostrar a prostração em si, mas explicou: – Quando tocamos a testa, as palmas das mãos e os joelhos no chão, estamos purificando nossos cinco venenos: ignorância, apego, aversão, orgulho e inveja. Depois nos levantamos atravessando os venenos liberados, que emergem como sabedoria.

Mais uma vez, Jarvis recuou. *"Venenos liberados, que emergem como sabedoria"? "Honrando as qualidades da forma iluminada"? E agora eles querem que eu faça reverências?*

Lisa percebeu a consternação dele e a abordou com delicadeza:
– É claro que todas essas ideias e práticas são estranhas para você. Tudo que você precisa fazer é levá-las em consideração. Se uma ideia budista lhe parecer interessante, contemple-a e medite sobre ela. Algumas práticas podem não fazer sentido, mas experimente-as mesmo assim e veja o que acontece. Um dos ensinamentos-chave do budismo é que você não aceite nada como uma verdade absoluta apenas porque alguém falou. Experimente e veja se é verdade para você.

Ela reconheceu que rituais, parábolas e simbolismos budistas – como tocar a garganta, repetir sílabas em um idioma que você não compreende, imaginar um Buda com uma espada de fogo – parecem complicados e talvez até bobos, mas têm um mesmo propósito: nos ajudar a nos libertarmos dos padrões de pensamento de uma vida inteira que causam nosso sofrimento. Eles nos ajudam a entender melhor a nós mesmos e natureza da existência. E nos ajudam a sofrer menos, revelando nosso propósito. Eles abrem nossos corações e, por fim, levam à iluminação. Ela o lembrou de não acreditar nas palavras dela, mas pediu que ele ao menos experimentasse e visse por si mesmo o que achava.

No começo, fazer apenas uma prostração já era fisicamente difícil, mas quanto mais ele fazia, mais naturais elas se tornavam. Ele começou a integrá-las em sua prática diária e descobriu que realmente faziam o que Lisa disse que fariam: "purificá-lo e prepará-lo" para a meditação. Quando ele precedia a meditação de prostrações e repetição de mantras, o tempo e o espaço desapareciam. *Ele* desaparecia.

* * *

Jarvis praticava com uma dedicação que Lisa raramente tinha visto em outros adeptos. Ela ficou impressionada, porque ele praticava com sinceridade e coragem, prosseguindo mesmo quando entrava em pânico e queria parar. As descobertas dele a impressionavam. Certa vez Jarvis lhe disse:

– As pessoas sempre falam sobre a almofada de meditação perfeita, e às vezes acho que seria bom ter uma, mas talvez as pessoas sem almofada tenham mais sorte.

Ela lhe pediu que explicasse.

– Nunca tive uma almofada na vida – disse ele. – Eu me sento no chão frio e duro. Não é confortável, mas é como aquela senhora da história, que bateu em mil portas. Cento e cinquenta anos de sofrimento foram absorvidos por esse chão de San Quentin. Você fala sobre experimentar o sofrimento de todas as pessoas. É aqui que ele está, e eu sinto *tudo*.

* * *

Lisa ficou admirada com o progresso dele em tão pouco tempo e contou a Chagdud Tulku as últimas revelações de Jarvis. O lama disse a Lisa que vinha pensando em conhecê-lo pessoalmente e perguntou se poderia fazer uma visita.

* * *

Lisa fez os preparativos e levou Rinpoche a San Quentin numa manhã fria e cinzenta de inverno. Eles se juntaram a duas dezenas de homens, mulheres e crianças que se reuniam no Portão Leste. Uma criança puxou o casaco da mãe e apontou para o homem de barba e longos cabelos grisalhos presos em um coque, vestindo uma túnica escarlate sobre uma camisa de seda carmesim, uma saia vinho até o chão e sandálias de couro.

Depois de uma hora, um guarda instruiu os visitantes a formarem uma fila e se registrarem. Chagdud Tulku foi instruído a tirar as sandálias, a túnica e o colar de contas para ser revistado. Em seguida, Lisa o guiou até ao saguão de visitas do corredor da morte, onde foram escoltados às cadeiras diante da espessa divisória de acrílico. Jarvis estava esperando do outro lado.

Estava nervoso, mas, quando viu o rosto do lama, a apreensão se dissipou e ele foi reconfortado pela serenidade que emanava dos olhos do professor.

Com Lisa como intérprete, eles trocaram cumprimentos.

– Olhar através desse vidro é como ver você num aparelho de TV – disse Chagdud Tulku e abriu um largo sorriso.

– Nem posso acreditar que o senhor está realmente aqui – respondeu Jarvis.

Depois de uma conversa informal, Chagdud Tulku perguntou:

– Por que estamos sentados com uma parede de vidro entre nós, mas aqueles no final do corredor estão juntos em gaiolas?

Jarvis explicou:

– Alguns desses sujeitos têm permissão para visitas de contato e podem ficar cara a cara com a família, mas eu não. Nós que estamos aqui no buraco não podemos.

As sobrancelhas de Chagdud Tulku se ergueram e ele repetiu:

– *No buraco?*

Jarvis disse:

– A solitária. Nós chamamos de buraco.

– Eu conheço o buraco.

– Como assim? – perguntou Jarvis. – O senhor conhece o buraco?

– Eu era jovem quando os chineses ocuparam o Tibete – contou o lama. – Muitos prisioneiros tibetanos foram colocados em troncos e publicamente humilhados. Alguns foram espancados e outros foram obrigados a cavar buracos no chão e forçados a entrar. O buraco se tornava a prisão deles. Eles cavavam o buraco e viviam nele. Quando morriam, eram enterrados no buraco.

Jarvis pensou: *Esse cara entende o buraco.*

– Tive sorte e escapei – continuou Chagdud Tulku –, apesar de muitos outros terem sido mortos. Vinte e três familiares meus morreram naquela época. Só três sobreviveram. – O professor fez uma pausa e depois disse: – O sofrimento foi grande.

Ele parecia ter viajado mentalmente de volta ao Tibete.

– Estávamos sendo perseguidos, então nos deslocávamos todas as noites. Era inverno e as montanhas estavam congeladas. Nós nos escondíamos em tocas, uma após outra. Fizemos isso por mais de um ano.

Jarvis estava fascinado.

O professor continuou:

– Sobrevivemos graças ao estudo, à oração e à meditação.

Lisa explicou que Rinpoche escapou na mesma época que o Dalai Lama e 100 mil outros tibetanos. Depois disso, ajudou a desenvolver comunidades de refugiados tibetanos na Índia e no Nepal e, em seguida, foi para os Estados Unidos e fundou centros de estudo e prática do budismo tibetano nas Américas do Norte e do Sul, na Europa e na Austrália.

– E no corredor da morte – acrescentou Jarvis.

Quando Lisa traduziu, o professor sorriu.

– E no corredor da morte.

Eles conversaram por uma hora; então um guarda anunciou que o horário de visita tinha acabado. O lama tomou a palavra outra vez.

– Você pode não compreender isso agora, mas é seu carma estar aqui – explicou. – Eu disse que você tem sorte. Por mais difícil que seja aceitar, é aqui que você tem que estar agora.

Você pode não perceber, mas tem sorte em estar num lugar onde pode conhecer o sofrimento da humanidade e aprender a ver a perfeição de todos os seres e de si mesmo. Aprenda a ver a perfeição deles.

Quando o guarda destrancou a porta, Lisa completou:

– Rinpoche está lembrando você de meditar todos os dias. Na sua situação, vai ajudar mais do que qualquer outra coisa.

Quando o professor percebeu que Jarvis estava abalado, ele disse, e Lisa traduziu:

– Sua Eminência diz: "Estou oferecendo muitas ideias novas; portanto, quando explico as coisas para você, talvez não as entenda de início. Não fique frustrado. Vai ficar claro. Pratique, abra seu coração e sua mente acompanhará."

Por fim, o professor disse:

– Agora vamos deixar você. Lembre-se: nós vamos ajudar você. Você está sempre em nossas orações. Sempre pensaremos em você.

A última coisa que ele ouviu foi Lisa:

– Rinpoche diz que verá você em breve, agora que ele é seu professor e você, aluno dele.

Jarvis foi escoltado de volta a seu andar pensando nisto: *Eu sou aluno dele e ele é meu professor.*

* * *

Naquela noite, em sua cela, Jarvis tentou se lembrar das palavras de Rinpoche. Havia muita coisa que ele não compreendia, mas o lama disse que não tinha problema não entender os ensinamentos de uma vez só. Ele disse: "Pratique, abra seu coração e sua mente acompanhará."

"Sua mente acompanhará."

Jarvis repetiu aquelas palavras, e elas desencadearam uma lembrança da infância. Ele tinha 9 anos quando Mamie Procks ficou doente. Em um fim de tarde, ela e Dennis o colocaram sentado e contaram que não poderiam mais cuidar dele. Mamie o abraçou enquanto ele chorava, mas ele a empurrou. Ele havia encontrado segurança e amor e mais uma vez estava sendo rejeitado.

Depois disso, Jarvis passou por nove lares adotivos e três casas de acolhida para meninos, inclusive lugares onde passou fome, foi espancado e mantido na imundície. Aos 13 anos, foi transferido do sistema de assistência social para a divisão de justiça juvenil, e o tratamento brutal piorou. Quando era preso por pequenos delitos (roubar uma bicicleta, dirigir um carro roubado para se divertir), era colocado em centros de detenção para menores, onde foi submetido a mais espancamentos, queimado, trancado em armários e obrigado a bater em outros meninos. Se ele se recusasse, os conselheiros batiam nele com mais força ainda. Ele fugia sempre que conseguia e muitas vezes encontrava o caminho de volta para Harbor City, onde às vezes ficava com a tia, irmã de Cynthia, Barbaree. Lá sempre estava tocando alguma música. Barbaree colocava os mesmos discos sem parar: Smokey Robinson, Gladys Knight, os Delfonics. Ela adorava uma música do Funkadelic, de George Clinton, "Free Your Mind and Your Ass Will Follow" – "Liberte sua mente e seu traseiro irá atrás" –, e deve tê-la posto para tocar umas mil vezes.

Jarvis riu sozinho ao pensar em quem o havia ajudado a compreender as palavras de um grande lama do Tibete: George Clinton. Ele disse em voz alta: "Liberte sua mente e seu traseiro irá atrás."

6 – ENCONTRANDO REFÚGIO

Certo dia, Lisa começou a visita dizendo:
– Rinpoche testemunhou sua sinceridade e seu compromisso com a prática e tem planos de retornar a San Quentin para realizar uma cerimônia de iniciação.

Ela descreveu a cerimônia na qual Jarvis se refugiaria na paz e na segurança do Buda, do darma e da sanga – as Três Joias do Budismo. Ela as explicou. Buda era a primeira joia. Jarvis se atinha à explicação de Melody de que o Buda era "um ideal, o que aspiramos a ser". Ele compreendia o darma como o estudo dos ensinamentos do Buda e entendeu que "estudo" significava não apenas aprender a história, os textos e os conceitos do budismo, mas incorporá-los na própria vida. E sanga era a comunidade de pessoas que seguiam junto com você no caminho budista.

Ao fazer esses votos, Jarvis se tornaria formalmente um budista.
– O que você acha? – perguntou Lisa.

Jarvis hesitou. Ele vinha praticando uma forma esfarrapada da religião e tirando daí um benefício incalculável. A religião o fazia repensar praticamente tudo que ele pensava saber. A prática tinha sido a coisa mais difícil que já fizera, mas ele sentia que Lisa estava certa quando dissera que poderia salvá-lo. Ainda assim, ele não sabia se queria se tornar budista. O que significaria isso?

Lisa disse que ele deveria decidir em seu próprio tempo – meditar sobre a questão.

Quando Jarvis contou a Melody a proposta de Chagdud Tulku, ele admitiu que não tinha certeza sobre o que deveria fazer.

– O que o preocupa? – perguntou ela.

– Eu não faço parte de clubes – disse ele. – Não vou me submeter a *nada*. Todas as vezes que fiz isso, foi um erro.

Depois de refletir, prosseguiu:

– Talvez porque eu não mereça isso – ele ergueu os olhos –, como se eu não fosse budista, como se fosse – ele fez outra pausa – uma *farsa*.

Seu tom era solene.

Enquanto Melody continuava olhando para ele em silêncio, Jarvis ponderou um pouco mais sobre a própria relutância. Ele chegou a uma explicação mais fundamental e que tinha muito medo de admitir para si mesmo, quanto mais para outra pessoa. Ele pensou: *um budista deve trabalhar para acabar com o sofrimento, mas e o sofrimento que causei? Rinpoche não entende como fui violento.* Esse pensamento conduziu a outro, ainda mais pungente: *Não quero decepcioná-lo.* O professor acreditava que ele era uma pessoa boa, com um espírito delicado, e Jarvis estava com medo de que Chagdud Tulku olhasse dentro dele e visse a verdade: que ele era aquela pessoa que a juíza Savitt tinha descrito, alguém cruel e sem possibilidade de redenção.

Ele tornou a falar:

– Não acho que eu valha a pena.

Melody respondeu:

– Se você não valesse a pena, Jarvis, nenhum lama tibetano venerado viria vê-lo e lhe oferecer esses votos. Relaxe. Permita que essa coisa boa aconteça.

* * *

Melody apresentou ao gabinete do diretor a solicitação formal para realizar a cerimônia na capela do corredor da morte ou em alguma outra sala privativa, mas a solicitação foi negada, assim como a solicitação de Chagdud Tulku de entrar na prisão com alguns dos objetos sagrados com os quais geralmente realizava a cerimônia. Apesar disso tudo, a iniciação foi realizada numa manhã de primavera. Um vento gelado soprava pela Golden Gate. Jarvis acordou cedo e meditou. O café da manhã foi levado, mas ele não comeu. Enfim uma dupla de guardas foi à cela e um deles perguntou se ele estava pronto.

Jarvis não respondeu.

O outro guarda perguntou:

– Você está com tudo que precisa?

Uma sensação estranha percorreu o corpo de Jarvis. Por algum motivo inexplicável, ele imaginou que os guardas estivessem ali para levá-lo não a seu professor budista, mas à sua execução – como fariam quando fosse a vez dele de ir para a câmara de gás.

O primeiro guarda repetiu:

– Masters, perguntei se você está pronto.

De repente, a resposta ficou clara para ele: estava pronto.

– Você está com tudo que precisa?

Ele estava. E acompanhou os guardas, sentindo que estava caminhando para a morte.

Então, sentado diante de Chagdud Tulku, Melody e uma tradutora chamada Tsering Everest, Jarvis percebeu que, como havia imaginado, *havia* de fato caminhado para a morte, a morte da pessoa que ele era antes. Ele fitava os olhos do professor enquanto pegava o fone.

Os quatro trocaram saudações. Tsering Everest se apresentou e depois perguntou:

– Você está bem? Você está pronto?

As mesmas perguntas. Quando respondeu que estava, sentiu calafrios outra vez, pois percebeu que realmente estava pronto, não apenas para a cerimônia, mas para o que viria a seguir em sua vida.

Com a tradução de Tsering Everest, Chagdud Tulku explicou:

– Normalmente eu abençoaria você com vários objetos rituais, mas não faz mal que não possamos nos tocar. O poder da cerimônia está em você ouvir as palavras e dizê-las.

Jarvis se inclinou para a frente e Chagdud Tulku começou:

– Sua mente está clara?

Jarvis disse que sim.

Tsering Everest explicou em seguida:

– A iniciação é a porta de entrada ao vajrayana, a vertente do budismo tibetano ensinada pelo lama, e o compromisso é ajudar todos os seres a despertarem para sua verdadeira natureza.

Chagdud Tulku fez Jarvis repetir frases e recitações tibetanas. Falou sobre a universalidade do sofrimento e a forma como une todos os seres. Lembrou a Jarvis que ajudasse as pessoas o máximo possível. Ele também repetiu uma orientação dada por Lisa em uma de suas primeiras visitas: Jarvis deveria ver a perfeição de todos os seres.

Conforme instruído, Jarvis repetiu as palavras do professor:

– Eu me refugio no Buda. Eu me refugio no darma. Eu me refugio na sanga.

Repetiu cada voto três vezes. Chagdud Tulku explicou que, a cada repetição, ele se abria mais, e quanto mais se abrisse, mais confiaria no caminho em que estava embarcando, um caminho que levaria à paz, à felicidade e, por fim, à iluminação.

Chagdud Tulku então disse que concedia a ele a proteção de uma manifestação benevolente e amorosa do Buda chamada Tara Vermelha, a "mãe da libertação".

Uma imagem apareceu na mente de Jarvis: uma deusa escarlate, como uma bruxa, emanando fogo.

– Estude-a – disse Chagdud Tulku. – Ela se comprometeu, após sua iluminação, a sempre responder prontamente ao sofrimento de quem a chama.

Chagdud Tulku deu a Jarvis o que Tsering Everest chamou de "Iniciação de Tara Vermelha", instruindo-o a cantar um mantra, *Om tare tam soha*, e visualizar Tara Vermelha à sua frente, no alto, enviando raios de luz quente.

– Quando você sentir medo, lembre-se de que ela está com você – afirmou o professor. – Recite essa oração e visualize a luz como a sabedoria na forma de um néctar abençoando você e todos os seres.

Tsering Everest traduziu a oração a Tara Vermelha como "Tara, por favor, esteja atenta a mim, remova os obstáculos de meu caminho e me conceda minhas aspirações."

Quando a cerimônia terminou, enquanto os visitantes se levantavam para sair, Chagdud Tulku disse:

– Hoje, quando você fez essas promessas, nós nos unimos no caminho budista. Tara Vermelha está com você. Quando estiver com medo, chame por ela e deixe esses pensamentos se dissiparem com o vento.

✳ ✳ ✳

Quando ele e Lisa se encontraram na semana seguinte, Jarvis refletiu sobre a cerimônia. Ele admitiu que ficou confuso com muitas coisas.

– Quer dizer... Tara Vermelha? Uma deusa que vai me proteger? *Aqui?*

Ele contou que a procurou em um livro, e Tara Vermelha tinha uma aparência diferente da que ele tinha imaginado. Usava uma coroa de ouro, tinha um corpo escarlate, uma auréola e empunhava um arco.

– Nenhuma deusa de mentirinha vai me proteger aqui.

Ele se concentrou principalmente em uma coisa que Chagdud Tulku dissera na semana anterior, algo que ele tinha dito várias vezes antes, desde a primeira carta: que Jarvis tinha sorte e que o corredor da morte era uma dádiva. Jarvis pensou: *Se ele acredita nisso, ele é ingênuo.* Na verdade, aquilo ainda o deixava pê da vida.

– É uma coisa que simplesmente não entendo – falou. – Talvez ele esteja tentando fazer com que eu me sinta melhor com o lugar onde estou, mas como ele pode acreditar que San Quentin é uma dádiva?

– Diga, Jarvis – respondeu Lisa –, como teria sido sua vida se você nunca tivesse sido mandado para o corredor da morte, se nunca tivesse sido acusado de assassinato? Pense nisso. O que teria acontecido?

Jarvis ficou calado por um momento enquanto imaginava aquele caminho alternativo. Por fim, respondeu:

– Não tenho a menor dúvida do que teria acontecido: eu teria permanecido no caminho em que sempre estive. Da violência. Eu era assim.

Certa vez Lisa tinha comparado a cela de Jarvis em San Quentin à cela de um monge num retiro patrocinado pelo Estado. Ela estava brincando, mas ele refletiu outra vez sobre aquilo.

– É verdade – reconheceu. – Tem sido um lugar para contemplar, estudar, ficar sentado com todas essas novas ideias, que repasso na minha cabeça e na minha prática e integro na minha vida. Eu nunca teria feito nada disso. Não teria olhado para o meu passado, aquela merda assustadora... Ainda estaria fugindo dele.

Então ele percebeu algo ainda mais impressionante.

– Sabe, a verdade é que a sentença salvou a minha vida. Eu estaria morto. Literalmente morto.

– Por que você estaria morto? – perguntou ela.

– Se eu não estivesse naquela cela de monge todos esses

anos, teria continuado no mesmo caminho e ele levava a um só lugar. Eu teria sido morto ou... – fez uma pausa e esfregou os olhos – ou teria matado alguém. Não conseguiria continuar se fizesse isso.

Jarvis se lembrou de como tinha sido raivoso e violento.

– Eu vivia xingando policiais. Os outros presos. Brigando. Se não tivesse começado esta prática espiritual, ainda seria aquela pessoa até sair. Isso se sobrevivesse tanto tempo assim. E eu provavelmente não sobreviveria. E depois? Eu teria saído dali a uns vinte anos, quem sabe. Teria ido para casa em Harbor City, feito o que sempre fiz: teria roubado, atirado, levado tiro.

Ele imaginou a situação.

– É, eu teria ido pro saco ou mandado alguém pro saco. No final, mesmo que sobrevivesse a isso – ele via com clareza –, eu seria a mesma pessoa que era antes: espiritualmente morta.

Aquele último pensamento o abalou. Ele continuou:

– Então, é... Pensando assim, a pena de morte salvou minha vida. E me *deu* minha vida. Acho que é isso que Rinpoche quis dizer quando falou que tenho sorte. Tudo mudou por causa daquela acusação.

Ele teve outro pensamento:

– Eu nunca teria meditado. Nunca teria aprendido sobre o budismo. Nunca. Nunca teria me interessado. Nunca teria conhecido Rinpoche. Melody. Kelly. Nunca teria conhecido você.

Jarvis recordou a parte mais misteriosa e extraordinária do dia em que se tornou budista: a manhã da cerimônia de iniciação, quando os guardas o tiraram de sua cela. Ele contou a Lisa:

– Eles estavam descendo comigo e parecia que estavam me levando não para a cerimônia, mas para outra coisa. Para ser executado. Foi o que senti. O policial perguntou se eu estava pronto, e eu soube... Soube que estava. Estava pronto para morrer. O que foi aquilo? Acho que agora entendo: a pessoa que fui estava pronta para morrer e morreu naquele dia. Meu antigo eu morreu. A pessoa insensível, entorpecida, morta. – Ele olhou para cima. – E, com essa morte... é como se eu me tornasse outra pessoa. Estou me *tornando* uma pessoa nova.

Lisa contestou:

– Você está se tornando quem realmente é. Está descobrindo sua verdadeira natureza.

A essa altura, Jarvis havia descoberto que o budismo estava cheio de paradoxos e contradições que mexiam com sua mente. Às vezes parecia que esses paradoxos estavam além de sua compreensão, mas a mente é muito mais ampla do que pensamos. Ele se deleitava com esse novo paradoxo: a sentença de morte que poderia matá-lo lhe dera a vida.

※ ※ ※

Um dia, Melody perguntou a Jarvis se ele tinha interesse em tentar publicar o ensaio que tinha escrito sobre os corpos repletos de cicatrizes dos prisioneiros – e percebeu que os olhos dele se arregalaram. Ele enviou o texto a uma revista que ela indicou chamada *Wingspan: Journal of the Male Spirit* e se esqueceu daquilo até que Melody levou para ele um exemplar, muitos meses depois. Quando ele viu o texto impresso – "Cicatrizes", de Jarvis Jay Masters –, ele olhou para a página e um olhar frágil de perplexidade cruzou seu rosto. Melody também viu conflito nos olhos dele, a marca do estoicismo que mascarava a apreensão e a insegurança diante de algo novo: orgulho.

Susan Moon, editora do periódico budista *Turning Wheel*, era uma das integrantes do grupo de escritoras de Melody. Susan leu "Cicatrizes" e outros textos de Jarvis e achou a escrita sólida, vívida e cheia de reflexões notáveis e comoventes. Ela cuidou das providências para visitá-lo.

– Sinto que estou encontrando um velho amigo – disse ela quando se sentou diante dele. – Sinto que conheço você pelos seus textos.

Eles falaram sobre escrita e budismo e fizeram variações dos exercícios de escrita que ele fizera com Melody. Em uma das visitas, Jarvis mostrou a Susan um relato que havia escrito sobre outra experiência desafiadora que enfrentara naquele ano. Um grupo de detentos do andar havia planejado um ataque a dois guardas que os vinham perseguindo. Teria sido inútil ou mesmo perigoso para Jarvis pedir aos homens que desistissem, mas ele bolou um jeito de expressarem a própria raiva e evitar a violência.

Era o feriado de Quatro de Julho e os guardas estavam ansiosos para sair mais cedo e comemorar. Jarvis combinou um horário em que todos do andar enfiariam toalhas nos vasos sanitários e começariam a dar descarga, continuando assim até que a água vazasse de todas as celas e o andar inteiro ficasse inundado.

– Obrigaremos os guardas a trabalhar até tarde para secar tudo – disse Jarvis. – Eles não vão poder sair cedo. Isso sim vai irritá-los pra caramba.

Quando ouviram o plano de Jarvis, todos morreram de rir. Era o jeito perfeito de mexer com os guardas. Então guardaram as facas e, conforme planejado, inundaram o andar e enfureceram os guardas, que foram obrigados a ficar até mais tarde.

Jarvis e Susan trabalharam juntos no texto. Ele era um contador de histórias talentoso, então as sugestões de Susan envolviam principalmente estrutura, gramática e detalhes de personagens. Ela lhe ensinou a identificar clichês e substituí-los por trechos em que sua voz única sobressaísse. Susan publicou o ensaio "Quatro de Julho" no periódico *Turning Wheel*, e os leitores inundaram a publicação de cartas.

Susan o visitava quase toda semana. Ela e Melody trabalharam com Jarvis em mais textos. Uma vez ele confidenciou a Melody:
– Os homens daqui são esquecidos. Esse é um dos meus maiores medos. Essas histórias são a prova de que vivi e estou vivo. Continuo no jogo. – E acrescentou: – E talvez tenha encontrado algo em que sou bom, algo que não seja roubar e brigar.

Susan ensinou Jarvis a fazer haicais e eles escreveram alguns juntos. Ele disse que odiava poesia, mas isso mudou quando ela leu para ele uma antologia de poetas que incluía Maya Angelou, Langston Hughes e Alice Walker. Ele experimentou com a forma e um dia apareceu com um poema para ela ler.

Naquela época, Jarvis estava aperfeiçoando uma receita de pruno, o vinho feito na prisão pelos detentos com uma mistura de salada de frutas, açúcar e outros ingredientes fermentados em um saco plástico de fechamento hermético. Ele refletiu sobre a estranheza de detentos produzirem vinho para tentar tornar a vida o mais suportável possível – o mais *normal* possível – enquanto esperavam para ser executados.

Circulando entre essas duas realidades, ele teve a ideia de mesclar a receita do pruno e a leitura de sua sentença de morte pela juíza:

Pegue laranjas descascadas,
Jarvis Masters, é o julgamento e sentença deste tribunal,
uma tigela de 200g de salada de frutas,
que as informações da acusação eram verdadeiras,
esprema as frutas em um saquinho plástico,
e o júri tendo previamente, na referida data,
e coloque o suco e o bagaço juntos lá dentro,
decidiu que a pena será a morte,
acrescente 400ml de água e feche bem o saco.
e este Tribunal tendo, em 20 de agosto de 1991,

Coloque o saco na pia,
negado seu pedido para um novo julgamento,
e o aqueça com água corrente quente por 15 minutos.
é a ordem deste Tribunal que você sofra a morte,
Enrole toalhas ao redor do saco para mantê-lo aquecido para
   a fermentação.
e que a dita pena seja infligida dentro dos muros de San
   Quentin,
Guarde o saco na sua cela sem mexer por 48 horas.
o lugar onde você será morto,
Quando o tempo passar,
na forma prevista em lei,
acrescente 40 a 60 cubos de açúcar branco,
na data a ser posteriormente fixada pelo tribunal em mandado
   de execução.
seis colheres de chá de ketchup,
O senhor está sendo reenviado à custódia do diretor de
   San Quentin,
em seguida, aqueça novamente por 30 minutos,
para ser mantido por ele até
proteja o saco como feito antes,
a determinação final do seu recurso.
Depois, guarde-o sem mexer novamente por 72 horas.
Assim foi ordenado.
Reaqueça diariamente por 15 minutos.
Atesto e dou fé que,
Após 72 horas,
como juíza responsável por este Tribunal Superior,
com uma colher, retire o bagaço,
fiz com que o selo deste tribunal seja afixado a isto.
despeje a porção restante em duas canecas de 500ml.
Que Deus tenha piedade da sua alma.

* * *

Jarvis enviou o texto "Receita de pruno de prisão" ao PEN, o concurso anual de escrita do Prison Writing Program, em 1992 e ganhou um prêmio.

Os contrastes na vida de Jarvis eram atordoantes. Ele estava se deleitando com o prêmio PEN certa manhã quando um guarda passando por ele no andar de repente o empurrou contra a parede. Seu corpo se encheu de calor e raiva; foi tudo que pôde fazer para se conter e não retaliar. Outra manhã, sua meditação foi interrompida por tiros disparados no pátio de exercícios.

Mas o pior ainda estava por vir em abril do mesmo ano.

Na Califórnia, havia uma moratória nas execuções desde 1972, quando o Supremo Tribunal Estadual as declarou inconstitucionais, mas a pena capital fora restabelecida em 1977. Não houvera execuções desde então, mas uma estava marcada para o dia 21 daquele mês. Quando a noite chegou, Robert Alton Harris, condenado por sequestro e assassinato, foi executado na câmara de gás.

Naquela noite, Jarvis teve um sono torturante e um pesadelo, que ele descreveu em uma carta a Melody. Ele sonhou que estava com amigos em um barco no meio do oceano. "Uma tripulação preparada com equipamento de mergulho para explorar o mar. O sino de mergulho era verde e em formato de cápsula ou de um submarino em miniatura. Tinha duas pequenas janelas de cada lado e uma porta grossa na frente. Fui o primeiro a entrar. A porta pesada do compartimento bateu e fechou. Ouvi o som do guindaste levantando o sino de mergulho do barco e a corrente baixando-o lentamente até a superfície da água. Pela vigia, vi milhões de bolhas e peixes. O sino mergulhou fundo e a imagem que tive foi de ser engolido pela garganta da Mãe Terra. Então fiquei com medo. Ninguém me ouvia enquanto eu descia. Eu [invoquei] Buda, Alá, Jesus, Jeová, Krishna. Depois desabei no chão e comecei a me debater, sufocando, vomitando, meu corpo estremecendo."

Quando Jarvis acordou do sonho, sua respiração estava superficial e ofegante. Ele nunca se sentira tão desorientado e assustado. Naquele estado de pânico, fez a única coisa que sabia fazer para ajudar a si mesmo: foi da cama para o chão, sentou-se com as pernas cruzadas e a coluna ereta e começou a meditar. Ele se sentiu como se estivesse em uma luta com a própria mente, afastando-a do pânico e trazendo-a de volta, em segurança, para o corpo. Levou uma hora para se acalmar.

Quando contou a Lisa sobre a noite da execução, Jarvis disse que finalmente entendeu o poder da meditação. Não havia muito em sua vida que ele podia controlar, mas lembrou-se de Melody uma vez dizendo "Jarvis, você pode controlar sua mente". Ele não tinha entendido completamente o que aquilo queria dizer, mas agora entendia. Ele *podia mesmo* controlar a mente. Entendeu o que Rinpoche lhe dera: uma tábua de salvação. Ele a segurou e ela o conduziu através da dor e do medo causados pela morte de Harris. Mas até mesmo a meditação produzia resultados muito variados. Às vezes ele saía da posição de lótus sentindo uma espécie de serenidade que nunca conhecera. Outras vezes, saía se sentindo frágil e sensível. Outras vezes ainda, perdia-se em cavernas escuras e saía esgotado, febril e com medo.

Lisa tinha contado a ele sobre a perda do ego como objetivo da meditação, e ele a experimentou algumas vezes. O tempo desaparecia. *Ele* desaparecia. "Melody", escreveu ele uma noite, "foi como se eu tivesse saído de San Quentin por um tempo... Não sei se consigo explicar o que aconteceu, mas acho que entendo o poder dessas práticas. Não acho que tantos detentos viveriam sob as botas do sofrimento se soubessem que a quantidade de trabalho é a mesma para nos tornarmos infelizes ou nos tornamos fortes. E, quando fazemos isso, podemos nos libertar sem sair da cela."

7 – A ÚNICA SAÍDA

Para Jarvis, a inspiração era uma sensação desconhecida, mas que ele continuava sentindo quando escrevia. Era como se uma parte adormecida dele houvesse despertado. Ele enviou mais artigos e ensaios que foram publicados no *Utne Reader* e em periódicos sobre espiritualidade e masculinidade. Em 1995, enviou "Cicatrizes" a uma antologia de escritores afro-americanos chamada *Brotherman: The Odyssey of Black Men in America*. Quando o livro foi publicado, o editor enviou um exemplar a Jarvis. Ele ficou surpreso quando viu seu ensaio entre escritos de Frederick Douglass, Henry Louis Gates Jr., Alex Haley, Cornel West e Richard Wright.

Na visita seguinte, Lisa sugeriu que Jarvis reunisse seus textos em um livro. Ela o ajudou a selecionar e editar os textos que se tornaram a obra *Encontrando a liberdade*, publicada no outono de 1997 pela Padma Publishing, uma editora fundada por Chagdud Tulku. Melody escreveu a introdução e Rinpoche contribuiu com um posfácio. Quando o livro foi lançado, Lisa organizou seções de leitura com Danny Glover e Geronimo Pratt, e *Encontrando a liberdade* circulou por toda a comunidade budista, a partir da qual foi se tornando cada vez mais conhecido pelo público mais amplo. O endereço postal de

Jarvis em San Quentin foi publicado na contracapa, e as cartas começaram a chegar em enxurradas.

Budistas e não budistas escreveram para demonstrar compaixão, aplaudir sua resiliência e reconhecer sua transformação. Muitas pessoas compartilharam suas próprias histórias. Jarvis se assustou com os detalhes íntimos que algumas delas revelaram sobre abuso e outros traumas, e sobre vício, luto, tentativas de suicídio, doença mental e muitas outras lutas. Muitos dos remetentes comentaram o ensaio "Cicatrizes" e descreveram suas próprias cicatrizes, tanto físicas quanto emocionais.

O livro passou a ser lido nas escolas; alguns professores o indicaram para as aulas e enviaram a ele pacotes de cartas de alunos que haviam se inspirado por suas palavras. Jarvis recebeu correspondência de membros e ex-membros de gangues, de prisioneiros, ex-prisioneiros e seus familiares. Ele ficou inseguro, sem saber como responder. Sentiu que não tinha nada para dizer, mas Lisa disse que as pessoas não lhe escreveriam se não houvesse nada que ele pudesse oferecer. Ela sugeriu que ele não sentisse que precisava carregar o mundo nos ombros, mas apenas reconhecesse que estava mesmo à procura de uma maneira de ajudar pessoas – e que agora tinha uma.

Jarvis respondeu a todas as cartas. Agradeceu às pessoas por escreverem, compartilhou mais algumas de suas experiências, ofereceu consolo e perguntou sobre a vida delas. Foi o início de muitas novas trocas de correspondência, algumas das quais se estenderam por anos. Vários de seus correspondentes se tornaram amigos.

***

Pema Chödrön é uma monja budista que, assim como o Dalai Lama, ensina os princípios e práticas da religião e oferece conforto e inspiração a inúmeras pessoas ao redor do mundo. Ela escreveu livros que bateram recordes de vendas, dá palestras e conduz oficinas e retiros de meditação.

Depois de uma palestra em Sonoma, na Califórnia, uma mulher deu um exemplar de *Encontrando a liberdade* a Pema. Ela achou impressionante que um prisioneiro no corredor da morte tivesse escrito algo tão profundo. Ficou particularmente impressionada com a descrição do autor de sua jornada rumo ao budismo. Como Chagdud Tulku, ela praticava o budismo vajrayana e apreciou a maneira como Jarvis não simplesmente adotou a tradição, mas também a adaptou a quem ele era e ao local onde estava.

Pema escreveu para Jarvis e eles começaram a se corresponder. As cartas confirmaram as primeiras impressões dela. Ele descrevia sua prática budista com seriedade. Tinha todos os motivos para ser amargurado e revoltado, mas era positivo e alegre. Na verdade, as cartas dele a faziam rir.

Em sua primeira visita ao corredor da morte, Pema, vestindo a tradicional camisa de gola laranja sob a túnica marrom que ia até o chão, foi colocada em uma das minúsculas cabines de visita. Quando Jarvis se sentou do outro lado da divisória de acrílico riscado, ela sorriu.

Pema era diminuta, com cabelos castanhos bem curtos e olhos de um azul-marinho que exalava bondade. Eles ficaram sentados, olhando um para o outro por um instante, sorrindo em silêncio. Quando começaram a falar, foi como se fossem velhos amigos se reencontrando. Compartilharam histórias de vida e discutiram acontecimentos mundiais, livros e até roteiros de filmes que Jarvis tinha lido (alguns amigos lhe enviavam os roteiros). Mais do que através de suas cartas, Pema percebeu a seriedade e a alegria de Jarvis e o achou ainda mais engraçado pessoalmente.

Jarvis também ficou encantado com ela. Até então, ele sabia

que era uma professora e escritora famosa, mas a mulher diante dele tinha os pés no chão, era modesta. Sua voz era tranquila e reconfortante – embora ela não ficasse atrás em termos de piadas e risadas.

Ele teve um vislumbre desse lado travesso dela quando a professora contou sobre uma ocasião em que cuidava da netinha levada de 4 anos.

– Eu estava ficando tão exasperada e frustrada que perdi a paciência – disse ela. – E lá estava eu, esta monja budista cuja reputação no mercado é de calma e tolerância, sendo tirada do controle por uma criancinha. Quando me acalmei, disse: "Escute, querida, vamos deixar isso só entre nós duas. Tenho uma reputação a zelar."

Pema o visitava sempre que estava na área da baía e a amizade deles se aprofundou ao longo de meses e, depois, anos. Jarvis deixou de chamá-la de "Ani Pema", que é a maneira reverente de se dirigir a uma monja budista – o equivalente a tratá-la como "Irmã Pema" –, e passou a se referir a ela como "mãe do darma", depois "mãe" e por fim "mama". Esta última ele usava por brincadeira, mas refletia seu amor por ela.

Jarvis tinha em Chagdud Tulku um professor espiritual, mas Pema o ajudou a orientar sua prática. Ela o instruía, encorajava e, às vezes, repreendia com delicadeza.

Uma vez, ele escreveu a ela quando estava deprimido: "Estou em uma fase ruim, então tenho deixado a prática de lado."

Pema respondeu: "Talvez você não tenha deixado sua prática de lado porque está em uma fase ruim, mas esteja nessa fase ruim porque deixou a prática de lado."

Ela assinou o cartão-postal – "Mama está aqui!" – e desenhou um rosto sorridente com tinta roxa.

* * *

Certa vez, Jarvis perguntou sobre o nome que ela tinha antes de se tornar Pema Chödrön e teve que rir quando ela disse que se chamava Deirdre Blomfield-Brown. Quando parou de rir, ele perguntou:

– *Deirdre?* – E caiu na gargalhada. – Aí, um dia você acordou e disse: "Acho que vou mudar de nome. Mas não para Sue ou Patty ou coisa assim."

Ela riu junto com ele e depois contou uma história que o fascinou:

– Eu era uma garota católica bem-comportada – começou. – Frequentei a Miss Porter School, que era uma escola muito chique para meninas na Costa Leste. Jackie Kennedy estudou lá. Depois fiz faculdade na Universidade da Califórnia em Berkeley, onde fiz bacharelado e mestrado, e em seguida fui lecionar no ensino fundamental. Eu me casei, me divorciei e me casei de novo. Fiquei nesse casamento durante oito anos e aí, um dia, meu marido chegou em casa e me disse que estava apaixonado por outra pessoa e iria me deixar.

Jarvis não conseguia imaginá-la naquela situação.

– Cara, caramba – falou. – Isso é terrível.

– Fiquei arrasada – disse ela. – Ele não disse "talvez" ou "vamos fazer terapia". Era o fim. Tive aquelas emoções mesquinhas, ódio do meu marido e da namorada dele. Imaginei atear fogo na casa deles. Sempre fui essa garota comportada, a mocinha radiante, e de repente... "*Uau...* eu nem sabia que tinha essas coisas dentro de mim."

Jarvis riu de novo.

– Nem consigo imaginar você ateando fogo à casa de alguém. É uma coisa que *eu* poderia ter feito, mas *a senhora*?

– Precisei descobrir isso, estava sofrendo tanto e tão confusa... Aí fui para a terapia e tentei até a cientologia, a terapia primal... mas fugi quando ouvi aquela gritaria na sala ao lado. Pesquisei sobre misticismo e religiões orientais e experimentei meditação, mas nada ajudou.

Ela fez uma pausa e continuou:

– Eu estava folheando uma revista e cheguei a um artigo intitulado "Trabalhando com a negatividade", de um mestre budista tibetano, Chögyam Trungpa Rinpoche. Antes disso, eu havia experimentado diferentes tipos de meditação e todos os professores falavam para afastar os sentimentos negativos, transcendê-los, e pensava: "Se eu conseguisse fazer isso, faria com prazer, mas não consigo." Mas a mensagem desse professor era o oposto. Ele ensinava que as pessoas *não devem* tentar deixar para trás nem transcender as coisas que lhes causam dificuldades, porque dor, tristeza e desespero (ele chamava essas emoções de "negatividade") são úteis e podemos aprender com eles. Falava que as pessoas têm que experimentar os sentimentos ruins para encontrar a cura. Era como se estivesse falando diretamente comigo. Ele estava dizendo que não havia nada de nada errado comigo por me sentir tão mal, ou seja, que a negatividade não era o problema. O problema era o que eu criava a partir da dor e da tristeza.

Jarvis perguntou:

– Como assim, "o que criava"?

– Eu contava para mim mesma histórias sobre o que eu tinha feito de errado, sobre como eu não sabia como iria aguentar, imaginando minha vida sem ele. Além de ficar imaginando incendiar a casa dele, é claro. – Ela riu baixinho. – Reconheci que era mais fácil criar fantasias de vingança do que sentir a dor da perda e da rejeição.

Ela explicou que, em vez de criar histórias que tinham como foco perguntas do tipo "Como ele pôde fazer isso comigo?", "Como vou sobreviver sem ele?", "O que há de errado comigo para ele me deixar?", "Qual a melhor maneira de torturá-lo?", ela precisava ficar com a dor.

– Então li mais sobre o professor e o budismo tibetano e acabei indo para a Europa para estudar. Estudei por dois anos e depois fui ordenada noviça. Meu professor me deu um novo nome.

Pema Chödrön significa "lótus, tocha do darma" ou "lanterna da verdade".

– Então é isso – concluiu ela. – Eu atribuía a dor que senti quando meu marido me deixou à perda, mas percebi que era medo. Eu tinha perdido o chão, estava em queda livre, sem rede de apoio. Perder o chão é isso. Perder o chão é *assustador*, mas é uma oportunidade.

* * *

Jarvis já meditava havia mais de uma década. Fazia exercícios de respiração e atenção plena, e isso o ajudou a suportar os anos estressantes de julgamento e a fase de juízo de causa. Também o ajudou a manter a sanidade e aliviou um pouco o pânico que sentia de tempos em tempos.

Quanto mais se aprimorava na meditação, mais ela o ajudava a enfrentar os traumas que ele vivera e a aprender e explorar. Às vezes, medos e lembranças terríveis – da execução, dos guardas – surgiam, mas ele usava a meditação para afastá-los, para tentar transcender a dor que trazia dentro de si a vida inteira. Mas agora Pema o desafiara a voltar aos piores medos e lembranças, a meditar intencionalmente sobre eles. Ela disse para *não* os afastar, *não* tentar transcendê-los, *não* fugir deles, mas ir *na direção* deles.

– A senhora só pode estar brincando – falou Jarvis.

– Não é de uma só vez – explicou Pema. – É um processo. Tiramos um pedaço de cada vez. Para nos libertarmos, temos que seguir em frente, ir mais fundo.

Jarvis estava exausto e com medo.

– Mais fundo? – Ele balançou a cabeça. – Não é algo que eu queira fazer.

– Eu sei – afirmou ela. Depois aconselhou: – A sensação é de que voltar à dor vai matar você, mas não vai. A questão é que, sim, é doloroso, mas a dor só vai deixar de persegui-lo se você a encarar. Os pensamentos virão, eles são muito fortes, e você apenas fica sentado com eles. Você vivencia sentimentos cortantes e continua ali.

Ela fez uma pausa e continuou:

– As pessoas pensam que, como budista, você quer transcender o cotidiano, transcender o passado, transcender a dor. Só que o objetivo não está pairando acima da bagunça da vida; ele está assentado nela. Você não quer transcender o passado, mas estar nele de forma plena. Quando você se conecta totalmente com seu passado... é aí que ele começa a perder a capacidade de machucar você, de controlar você. O que você faz é se dirigir aos fatos; você não os julga como bons ou ruins, mas permanece sentado com eles, mesmo que o assustem. *Especialmente* se o assustarem.

Ela deu um exemplo comovente:

– Digamos que seu filho ou sua filha esteja muito doente. Tudo que você quer é fugir dos sentimentos ruins. Você sente que eles vão matar você, de tão apavorado que fica. Você faz qualquer coisa para não experimentar esses sentimentos. Mas, a menos que você os sinta, eles não irão embora. E aí está a questão: se você se senta com esses sentimentos, a sensação não é boa, mas é honesta e verdadeira. Quando para de fugir, você pode ficar *com* a criança que está doente, que é onde você quer estar, por você e por ela.

Pema evocou uma experiência que assombrava Jarvis desde pequeno: a morte de seu irmãozinho.

– A dor da morte de Carl era pesada demais – reconheceu ela –, então você fugiu dela criando histórias. É natural.

– Histórias? Que histórias?

– Uma das histórias era sobre Otis, que ele poderia estar envolvido na morte de Carl. Se ele estava, algo sinistro aconteceu, e você, seus irmãos e suas irmãs podiam estar em perigo. Se isso fosse verdade, vocês estavam morando com a pessoa que matou seu irmãozinho! Essa era uma história aterrorizante. Você abandonou a experiência em si no momento em que viu que Carl estava morto. Abandonou-a de novo com a história de que Carl morreu por sua culpa, porque você não foi capaz de protegê-lo. Você conviveu com essa história sobre a sua responsabilidade pela morte de Carl durante a vida toda e essa história produziu outras, as que moldaram a maneira como você pensa sobre si mesmo e as escolhas que fez. Se causou a morte de seu irmão, você deve ser uma pessoa terrível. Suas ações afirmaram isso. Vinte anos depois você está em San Quentin e é acusado de assassinar um guarda. Você não matou ninguém, mas talvez sentisse que sim. Você se sentia como se tivesse matado Carl. Uma parte sua, uma parte muito profunda, ainda se sente assim: "Não é de admirar que eu esteja no corredor da morte. A juíza estava certa. Eu mereço estar aqui."

Pema fez uma pausa e deixou Jarvis assimilar suas palavras. Ele estava segurando as lágrimas.

– Volte ao passado e medite sobre a experiência. É assustador, e você acha que não conseguirá sobreviver se for até lá. Mas há sempre uma brecha nas histórias que contamos a nós mesmos. Essa é apenas a maneira como nossa mente funciona. Há uma brecha. Nesse ponto, é como acordar de um sonho e se lembrar do que estava fazendo. Essa é a oportunidade. Você pode aprender a reconhecer a brecha. Você pensa *Estou dentro da história outra vez*. É quando tem a oportunidade de sair da história e voltar à sua respiração.

Ela continuou:

– Então você está meditando e está em casa com sua mãe e Otis de novo. Você corre para o quarto e vê que Carl está morto. É aí que sempre foge da experiência imediata e as histórias começam. Você criou a história do que Otis pode ter feito ou de como você matou Carl, de como você é o culpado. Você está dentro da história enquanto medita, mas a história é interrompida por um instante. Isso acontecerá, você vai ver. É aí que pode abandonar a história, inspirar e retornar para seu corpo. Aí volta à experiência, ao momento mais importante, o momento que você passou a vida evitando.

– Que momento? – perguntou Jarvis, sem querer ouvir a resposta.

– Quando você correu e viu Carl e percebeu que ele havia morrido. Você "passou por cima" desse momento porque ele é muito doloroso. Você "passou por cima" do coração da experiência.

– O *coração*?

– O coração – repetiu ela. – Você amava Carl. Esse é o coração. Você o amava demais. E ele se foi. Essa é a dor que você tem que encarar e finalmente sentir. Foque em seu corpo e sinta a dor nele. Seu corpo está sempre aí com você. A sua respiração. Apenas quando sentir essa dor, você irá se libertar. E, sim, ela será enorme.

* * *

Naquela noite, Jarvis meditou e visualizou o rosto de Carl. Depois de todos aqueles anos, a imagem ainda era vívida: o sorriso doce do bebê e os olhos cheios de confiança. Depois Jarvis ouviu o grito de Otis e ficou tenso. Correu para o quarto, olhou para o berço e viu o corpo sem vida de Carl. Carl estava morto.

Como acontecera tantas vezes antes, a mente de Jarvis começou a se recolher nas histórias já conhecidas: sobre o envolvimento de Otis, a própria cumplicidade e a encrenca em que se metera. Mas, em seguida, como Pema prometeu, sentiu uma brecha. Nesse momento ele ganhou perspectiva. Dentro da história, ele era um garotinho enfrentando o horror pela primeira vez, mas a brecha permitiu que reconhecesse que agora era um homem adulto, décadas depois daquele momento terrível. Armado dessa perspectiva, poderia retornar a seu corpo e ao quarto: ao momento em que viu Carl. Ele o tocou, mas o bebê não se mexeu. Seu irmãozinho estava morto. O pequeno e inocente Carl. Ele o amava demais. Ele o amava com mais pureza do que amara qualquer outra pessoa.

Ele sentiu toda a dor que não conseguira enfrentar por todos aqueles anos. E teve uma sensação de libertação. Quando começou a chorar, ele não conseguia mais parar.

* * *

Às vezes a meditação ainda trazia serenidade e quietude, mas, de vez em quando, outras lembranças terríveis vinham à tona. Uma vez ele voltou a Harbor City, onde encontrou seus irmãos Tommy e Robbie, os filhos mais velhos de Cynthia. Eles o forçavam a brigar. Formava-se uma rodinha, as pessoas gritando "Mata ele! Mata ele!", e Tommy e Robbie o jogavam no meio com algum outro menino. Jarvis lutava ferozmente, com socos e chutes. Era obrigado a brigar com os irmãos menores dos amigos de Tommy e Robbie e os dois apostavam nele. Se perdesse, eles o espancavam. Ele se sentia mal batendo naqueles garotos que não tinham feito nada para ele. A culpa, os socos, a fúria – o ódio que sentia dos irmãos.

Outra vez, quando tinha 16 anos, Jarvis estava com um garoto com quem tinha escapado de uma detenção. O amigo tinha roubado drogas de uma gangue de rua. Eles estavam numa festa e Jarvis olhou para fora e viu os membros da gangue esperando por eles em um carro. Chapados de maconha, embriagados e armados com pistolas, os dois saíram correndo pela porta da frente e abriram fogo às cegas. O carro saiu à toda velocidade e as balas acertaram a casa do outro lado da rua. Mais tarde ele descobriu que aquela família estava em casa e os pais agarraram os filhos, se jogaram no chão e os abraçaram, morrendo de medo.

Enquanto meditava, a cena se repetia na cabeça de Jarvis, não de seu ponto de vista, do lado de fora, atirando, mas da perspectiva da família. Ele começou a fugir da lembrança, a entrar na história do que veio depois: o mandado de prisão, a polícia. Então veio a brecha e ele respirou. Obrigou-se a voltar e se viu como os pais aterrorizados abraçando os filhos. Começou a tremer. Sentia o terror deles.

– Preciso pedir desculpas – disse a Pema um dia –, a todas essas pessoas. Preciso dizer a elas que sinto muito.

Lembrou-se de uma das instruções de Chagdud Tulku na cerimônia de iniciação: ele deveria confessar os próprios erros e pedir perdão. Mas para quem? No cristianismo, a absolvição vem da confissão e da contrição. Mas Jarvis achava que assim era fácil demais. Um padre até pode perdoar você, mas não foi o padre quem você prejudicou.

– Sinto que tenho que me desculpar com essas pessoas, mas não tenho como – constatou. – Nem sei o nome delas.

Ani Pema o aconselhou:

– Quando meditar, encontre a mãe, o pai e os bebês deles. Pense nas pessoas que estavam nas lojas que você roubou, nos meninos com quem brigou. Encontre-os em sua mente e não fuja deles. Reconheça-os. Reconheça o que você fez. Não os ignore nem minimize a dor que lhes causou. Para as vítimas ou qualquer outra pessoa, não ajuda nada permitir que a culpa e a vergonha coloquem você para baixo. Em vez disso, continue deixando para trás a obsessão consigo mesmo, liberte-se do passado e siga em frente. Continue encarando a sua dor, porque quanto menos você deixar o passado prender você, mais poderá se concentrar nos outros. Deixe que a experiência de ferir os outros o impulsione para a frente enquanto diz a si mesmo: "De agora em diante, vou passar minha vida ajudando as pessoas." Esse, Jarvis, é o seu desafio agora. Esse é o seu carma.

8 – CARMA

Quando Pema falou em *carma*, a palavra ressoou em Jarvis. Ele já a tinha ouvido de Rinpoche, que certa vez dissera que estar no corredor da morte era o carma dele. Ele a tinha ouvido de Lisa também; na verdade, de todos os budistas que conhecera ou lera.

Ele notou a palavra pela primeira vez durante a fase de seleção dos jurados que participariam de seu julgamento, quando um possível membro do júri afirmou que era budista. Quando um dos advogados lhe perguntou se, como budista, ele poderia votar a favor da pena de morte, o homem disse que podia, sim. Ele acreditava na justiça olho por olho e achava que enviar uma pessoa para a morte poderia beneficiá-la, equilibrando sua "conta bancária espiritual", isto é, poderia "consertar o carma dela".

Aquela afirmação lhe causara repulsa. Mate alguém se quiser, mas não tente aliviar a própria consciência dizendo que é para o bem da pessoa.

Jarvis perguntou a Pema se ela acreditava na ideia de uma conta bancária espiritual. Isso que era carma? Em caso afirmativo, qual era o carma dele? Será que teria que morrer para pagar sua dívida cármica mesmo que nunca tivesse matado ninguém?

Depois ele lhe perguntou sobre o conceito de carma em si:

– Então todas as pessoas pobres têm carma negativo? Vítimas inocentes de guerras também? E quanto às crianças que nascem com doenças terminais, cujos pais têm que assistir à morte delas? Esse é o carma deles?

– Não é nada disso. Carma não tem nada a ver com justiça ou equidade. Ninguém merece nascer em um lar violento ou com uma doença terrível, mas muitas pessoas nascem. Nenhum pai merece ver o filho morrer, mas isso acontece o tempo todo. Você pode nascer com privilégios, pode nascer na pobreza, pode nascer saudável ou doente. Não, não é justo, mas a justiça não se aplica aqui... a *vida* não é justa – explicou Pema. – Os pais não perdem os filhos por causa do próprio carma. O carma deles é a situação em que se encontram; é a realidade deles. A questão é como eles vão reagir. Qualquer pai ou mãe ficaria zangado e amargurado ao ver um filho morrer. Para alguns, é isso: eles se tornam pessoas amargas e raivosas pelo resto da vida. É compreensível. Mas existem outras opções. Alguns pais encontram alívio na gratidão pelo tempo que passaram ao lado do filho ou filha e os levam no coração, relembrando o amor que compartilhavam. Alguns dedicam a vida a ajudar outros pais de luto.

Pema explicou que, em última análise, o que era relevante na vida de Jarvis não era como ele chegara a San Quentin ou ao corredor da morte. Seu carma era simplesmente o fato de estar lá. O que importava era o que ele faria enquanto estivesse lá. Muitas pessoas no corredor da morte são arrastadas para a amargura, a vingança e a raiva; muitas, para a loucura. Jarvis tinha escolhido um caminho diferente: o budismo e tudo que isso envolve. Ela explicou que o carma se resume a um único fato relevante e uma única pergunta vital. O fato: "É aqui que estou hoje." A pergunta: "O que farei com isso?"

* * *

Jarvis estava mais empenhado do que nunca em aproveitar seu tempo ao máximo – concentrando-se, tanto quanto possível, no que Pema havia descrito como seu carma em San Quentin. Ele praticava com mais dedicação do que nunca. Acordava entre quatro e cinco da manhã e fazia prostrações por meia hora; depois, yoga por uma hora. Em seguida, meditava por duas horas ou mais, passando um *mala* entre os dedos. Muitos budistas usam *malas*, pequenos cordões de oração com contas de madeira, quando meditam. Jarvis não tinha permissão para ter um *mala* real, então improvisou o seu, fazendo buracos em comprimidos de aspirina e unindo-os com um fio que ele puxara de uma meia.

Jarvis leu mais livros sobre budismo; estava interessado na história da religião, inclusive nas investigações sobre o Buda histórico. Dia e noite ele se esforçava para se conectar com o maior número possível de prisioneiros do andar, embora estivesse limitado às conversas com os detentos das celas vizinhas. No pátio, tinha a oportunidade de falar com outras pessoas. Quando saía, jogava basquete e conversava com outros homens. Abordava os que pareciam isolados ou apreensivos e delicadamente tentava puxar assunto. Ele se lembrava dos homens sobre os quais havia escrito em "Cicatrizes". Como eles, alguns o rejeitavam, às vezes com raiva, mas outros pareciam felizes em conversar com alguém interessado em ouvir a história de vida deles. Os homens às vezes perguntavam sobre "essa coisa budista que você curte".

Em vez de tentar explicar a religião, Jarvis descrevia a meditação e contava histórias budistas. À noite, jantava, às vezes jogava xadrez, ouvia música ou o noticiário, assistia à TV e escrevia mais. Como não sabia ler, um preso do fim do corredor passava cartas muito bem dobradas a Jarvis usando uma linha feita de fios de lençóis. Antes de começar sua meditação noturna, Jarvis lia as cartas em voz alta para o companheiro, projetando a voz o máximo possível. O homem e os outros detentos próximos ouviam extasiados enquanto Jarvis lia cartas da mãe dele, cujas palavras amorosas embalavam o sono de todo o andar.

※ ※ ※

Com conexões cada vez mais profundas com prisioneiros e amigos e uma agenda cheia todos os dias, Jarvis estava mais contente do que nunca. Sua vida era plena e rica, mas, em 17 de novembro de 2002, ele recebeu uma notícia devastadora. Chagdud Tulku Rinpoche estava doente havia algum tempo. Em sua visita mais recente a San Quentin, estava tão frágil que não se levantara da cadeira de rodas. No entanto, foi um choque quando Lisa lhe contou que o professor deles havia morrido.

Alguns dos alunos de Chagdud Tulku celebraram as circunstâncias de sua "morte física". Eles afirmavam que ele permanecera sentado em meditação por cinco dias depois que parara de respirar; seu corpo não tinha se deteriorado. Disseram que o professor tinha sido libertado de sua forma humana e alcançara a iluminação.

Jarvis não sabia nada disso. Só sabia que estava com o coração partido.

Relembrou sua primeira carta para Rinpoche 12 anos antes e a resposta do professor, que chegou no dia em que ele fora condenado à morte. Parecia um minuto atrás e uma vida inteira atrás. Desde então, Rinpoche o encorajou, o tranquilizou e lhe concedeu seus votos, ou seja, fez dele um budista. Ele lhe havia ensinado bem. Jarvis se deu conta disso quando estava no pátio um dia e um detento que tinha ouvido falar de sua conversão perguntou:

– Como você pode ser budista neste lugar de merda?

Sem pensar, Jarvis respondeu:

– A questão para mim é: "Como você pode estar neste lugar de merda sem ser budista?"

Ele imaginou Rinpoche sorrindo diante da ideia de que Jarvis estava aprendendo a pensar como ele. Outra ocasião em que reconheceu a influência de Chagdud Tulku foi o dia em que o lama o chamou de bodhisattva, a pessoa que dedica a própria vida a acabar com o sofrimento e ajudar os outros. Jarvis se encolheu quando ouviu isso.

– Sou o *oposto* de um bodhisattva. Não impedi o sofrimento; eu o causei – argumentou, antes de completar: – O que eu já fiz para ajudar alguém?

O lama disse que ele estava fazendo a pergunta errada. Jarvis esperou Rinpoche lhe dizer qual era a pergunta certa, mas o lama simplesmente deu de ombros.

A pergunta certa lhe ocorreu naquela noite, quando ponderou o que o professor quisera dizer. A questão não era o que ele tinha feito para ajudar os outros, mas o que faria agora.

Quando percebeu que sabia a resposta, Jarvis imaginou Chagdud Tulku sorrindo outra vez. E Jarvis sorriu também ao compreender que o lama viveria dentro dele para sempre.

Rinpoche fez Jarvis avançar de outras maneiras. Deu-lhe permissão para tirar do budismo o que o ajudava e rejeitar as ideias preconcebidas sobre como um budista deve ser. Mostrou a Jarvis que o budismo é repleto de paradoxos e contradições porque a própria vida é assim. E indicou a Jarvis o paradoxo central da fé: quanto mais a pessoa aceita o sofrimento, menos ela sofre.

Quanto mais Jarvis pensava em seu professor, mais compreendia que os alunos de Chagdud Tulku estavam certos. Havia *mesmo* algo a celebrar: a vida de seu professor e as lições que o transformaram. Estamos todos cumprindo pena. Estamos todos na prisão. Estamos todos no corredor da morte. E todos nós podemos nos libertar.

* * *

Antes de morrer, Chagdud Tulku ordenou vários alunos lamas. Lisa foi um deles. Ele deu a ela o nome de lama Shenpen Drolma – *shenpen* significa "beneficiar os outros" e *Drolma* é a palavra tibetana equivalente a Tara a "mãe da libertação", aquela que Rinpoche "deu" a Jarvis. Três anos depois, a lama Shenpen estabeleceu um centro budista no sul do Novo México. Desde então, passou a visitar a área da baía com menos frequência. Ela e Jarvis permaneceram em contato, mas, com ela distante e sem Chagdud Tulku, Pema se tornou sua principal professora. Não houve nenhuma passagem oficial de bastão e nada mudou drasticamente no relacionamento entre eles, que já vinham estudando o darma juntos enquanto ela orientava a prática dele. A relação professora-aluno cabia perfeitamente na amizade que tinham.

Estudavam juntos os conceitos budistas que eram novos para ele e retornavam àqueles que ele já tinha aprendido, como carma e as Quatro Nobres Verdades. Jarvis ouvia falar muito sobre as Três Joias. Quando Rinpoche conduziu a cerimônia de iniciação, orientou Jarvis a se refugiar nelas. A primeira e a segunda joia, o Buda e o darma – o próprio Buda e seus ensinamentos – lhe pareciam descomplicadas ou, pelo menos, tão acessíveis quanto qualquer coisa no budismo. Jarvis não tinha refletido muito sobre a terceira joia, a sanga, mas Pema a explicou: as pessoas que estão juntas na jornada budista, incluindo monjas, monges, professores e praticantes, bem como o círculo imediato de pessoas "que compartilham experiências, estudam juntas, ensinam umas às outras e estão no mesmo caminho".

– Como uma gangue – Jarvis deixou escapar.

A palavra *gangue* simplesmente saiu e o deixou abalado na hora.

Pema também ficou surpresa e lhe perguntou o que ele queria dizer.

– Bom, uma gangue é isso – disse Jarvis pensativo. – Pessoas no mesmo caminho. Aprendendo, ensinando, estudando os mesmos livros, vivendo segundo o mesmo código. – Ele concluiu: – Acho que a gangue era minha sanga no passado.

– Acho que era sua sanga *mesmo* – concordou ela.

– Um reflexo de quem eu era naquela época, de quem todos nós éramos – continuou ele. – Estávamos juntos no mesmo caminho.

– Fale um pouco sobre esse caminho.

– Era um caminho de violência. Se mostrasse algum sinal de fraqueza, você estava encrencado. Aprender juntos? O que aprendíamos era a não sentir. – Ele fez uma pausa, respirou fundo e disse: – Acho que nasci nessa sanga, uma sanga com todas as crianças do nosso bairro juntas no mesmo caminho, e esse caminho levava à prisão. Nesse caminho, éramos espancados e, em seguida, nos diziam: "Se você chorar, vai apanhar o dobro." "Não se meta em briga, mas, se se meter, é melhor você bater no filho da puta. Se apanhar, nem precisa voltar pra casa." Fugindo do castigo, você era ainda mais castigado. Aprendi a nunca recuar, mesmo sabendo que ia apanhar. *Especialmente* se soubesse que iria apanhar. Os garotos, e até os professores e conselheiros, sabiam que não era para mexer comigo. Os que não sabiam logo aprendiam.

Jarvis refletiu sobre o passado, sobre a época em que foi para casa em Harbor City depois de escapar de uma detenção da Autoridade Juvenil da Califórnia. O irmão dele, Tommy, disse que Jarvis poderia morar com ele se trabalhasse em seu comércio de heroína, ficando de guarda com uma escopeta durante as vendas.

– Ele disse: "Você não precisa atirar em ninguém, apenas

mostre a arma", e eu não queria, mas Tommy disse: "Qual é o seu problema? Estou tentando arrumar um trabalho pra você. A AJ te deixou frouxo." Eu cedi, é claro. Não queria decepcionar Tommy, mas a principal razão era para mostrar a ele que eu *não era* um frouxo. Frouxo era o pior que a pessoa podia ser. *Esse* era o caminho em que estávamos todos juntos. Depois, em San Quentin, nossos professores eram os revolucionários, nossa prática era obediência, intimidação e violência. Sacrifício: sacrificar *a nós mesmos* e, se necessário, nossa vida. A sanga eram os soldados que treinavam juntos.

Eles ficaram sentados calados por um tempo, até que Pema quebrou o silêncio:

– Você tem uma sanga diferente agora. Penso nela como as pessoas que estão evoluindo, buscando, que são boas, respeitosas, sensíveis, solidárias e amorosas.

Jarvis assentiu enquanto assimilava a verdade daquelas palavras. Ele tinha uma sanga, uma verdadeira sanga agora. Começara com Melody e crescera, passando a incluir mais de 25 amigos e colegas praticantes ajudando uns aos outros, dedicando-se uns aos outros.

※ ※ ※

De fato, a sanga de Jarvis crescera organicamente e continuava a se expandir conforme um membro trazia outro. Pouco depois da morte de Chagdud Tulku, Pema contou a uma amiga, Pamela Krasney, sobre Jarvis e a encorajou a visitá-lo. Quando fez isso, Pamela, que era defensora da reforma prisional e de outras causas de justiça social, ficou maravilhada por ter sentido uma conexão tão instantânea e profunda com uma pessoa no corredor da morte. E Jarvis se sentiu imediatamente ligado a Pamela também. Ele notou que ela parecia mais cheia de vida do que qualquer pessoa que já conhecera.

Pamela logo se tornou uma de suas apoiadoras mais engajadas e uma de suas amigas mais próximas. Ela levou o marido, Marty, e os filhos, Samantha e Parker, para visitá-lo também. Todos trocavam cartas, enviavam postais de suas viagens e se juntaram aos jarvistas, um grupo de apoiadores de Jarvis trabalhando para inocentá-lo.

Pamela se tornou a maior defensora de Jarvis. Ela chegou a invadir o escritório dos advogados de apelação dele para oferecer conselhos (não solicitados) sobre o recurso e pressioná-los para conseguir que o tribunal estadual agilizasse o caso. Uma vez, Pamela disse a Melody que usou seus contatos para conseguir o telefone da juíza Savitt e que iria telefonar para questioná-la sobre a sentença de Jarvis. Quando Melody ouviu o plano, ficou chocada e disse: "Você não pode ligar para uma juíza como se ela fosse uma socialite para conversar sobre um caso de pena capital!" Mas Pamela a ignorou e ligou mesmo assim. Savitt atendeu ao telefone e lhe deu uma bronca, mas Pamela ignorou a repreensão e convidou a juíza para um almoço. (Savitt recusou.)

Pamela escreveu centenas e centenas de cartas em nome de Jarvis. Ela e Marty financiavam a conta dele na cantina para que ele pudesse comprar batatas fritas e doces, e mandaram para ele uma TV e alguns livros. Jarvis tinha predileção por histórias de guerras mundiais e biografias de presidentes, inventores e líderes de movimentos pelos direitos civis. Quando manifestou interesse em astronomia, Pamela enviou livros e um mapa estelar, que ele colou na parede da cela usando as bordas adesivas de folhas de selos postais. Ele estudou as fases da Lua e calculou quando seria o próximo eclipse visível num momento em que estaria no pátio.

Quando chegou o dia, Jarvis saiu e abriu o mapa no chão. Ele olhou para o céu sem nuvens, e lá estava.

Em uma carta a Pamela, em agradecimento pelo mapa, Jarvis

escreveu: "No pátio, as pessoas viram o que eu estava fazendo e também olharam para o céu. Elas passaram o mapa de mão em mão e fizeram perguntas. Olhei à minha volta e vi homens de um lado a outro do pátio olhando para o céu. Um dos espetáculos mais raros que já vi. Depois olhei para os guardas nas torres de vigilância. Eles também estavam olhando para cima. Todo mundo simplesmente olhando o céu."

Ele continuou: "Todo mundo estava simplesmente olhando para cima, olhando para aquela lua. Então a lua começou a desaparecer e se foi, simples assim. O pátio nunca esteve tão quieto, mas só havia silêncio."

* * *

Marie Williams* participou de um retiro budista em um centro de meditação no condado de Sonoma, onde um instrutor recomendou o livro *Encontrando a liberdade*. Williams comprou o livro e ficou fascinada com a história de transformação do autor. Aquele homem passara a maior parte da vida na prisão e tinha todos os motivos para ser amargurado, duro e vingativo. Mas parecia otimista e alegre.

Marie escreveu para Jarvis e os dois começaram a se corresponder. Jarvis queria saber tudo sobre sua vida em São Francisco, e ela queria saber tudo sobre Jarvis, sua família, sua infância e as experiências na prisão, coisas simples: o que ele comia, como passava o tempo e como era a cela – que ele descreveu como o quarto no alojamento de uma universidade para a qual ele nunca se candidatara.

Após um ano trocando cartas, que eram cada vez mais fre-

---

* Mencionando preocupações com sua privacidade, "Marie Williams" falou sob a condição de que eu me referisse a ela por um pseudônimo e alterasse detalhes que pudessem identificá-la ou a sua família.

quentes, Marie perguntou se ele gostaria que ela o visitasse. Ela preencheu os formulários necessários e, depois de aprovada, foi a San Quentin.

Marie nunca tinha ido a uma prisão e ficou nervosa quando entrou, passou pela segurança e foi para o salão de visitas. Um guarda indicou-lhe uma cadeira diante de uma saleta onde Jarvis estava esperando do outro lado de uma divisória.

Conhecendo-se apenas por cartas, o primeiro contato frente a frente foi estranho. Eles mediram um ao outro através do acrílico e, depois de um instante, ambos sorriram. Jarvis quebrou o gelo falando sobre banalidades. Ela havia escrito a ele sobre a família dela e ele quis saber mais. Falaram sobre religião. Marie contou que havia sido criada como católica, mas estava desiludida com a religião. Um divórcio colocara fim ao que restava de seu apego à Igreja. Ela não era budista, mas descrevia a própria espiritualidade como uma mistura de religiões orientais, ocidentais e humanismo. A meditação lhe fazia bem; foi por isso que ela participou do retiro em que descobriu o livro dele.

Jarvis era um contador de histórias entusiasmado e sua risada era contagiante. Ele falou sobre quem tinha sido antes de se tornar budista.

– Na época, se me visse andando na sua direção, você teria atravessado a rua e seria inteligente fazer isso.

Ele também contou a ela sobre sua jornada até o budismo.

No meio da visita, Marie já não sentia nenhum nervosismo; tinha se esquecido de que estava em uma prisão. Ela e Jarvis conversaram por duas horas antes que um guarda encerrasse o encontro.

Jarvis e Marie trocaram mais cartas, que com o tempo se tornaram mais longas, mais cheias de novidades e mais pessoais, e ela o visitou novamente. Ele a apresentou a Pamela e as duas almoçaram juntas. Marie expressou interesse em saber mais sobre o caso de Jarvis, então Pamela deu a ela sacolas cheias de documentos. Quanto mais Marie lia, mais se convencia de que ele era inocente. A injustiça da condenação e da sentença a revoltava. Ela começou a frequentar as reuniões dos jarvistas e se ofereceu para ajudar na campanha para libertá-lo.

Um ano se passou. Marie o visitava com mais frequência. Às vezes, quando saía de San Quentin e encontrava o ar puro e o céu azul, ela imaginava a cela infernal para a qual ele estava retornando e chorava. Era inconcebível para ela que aquele homem tão inteligente e sensível passasse a vida trancado em jaulas. Mas então ela pensava no contraste entre o ambiente em que vivia e a positividade, a leveza e o comportamento tão atencioso que ele demonstrava, e a tristeza se tornava uma espécie de admiração. Na verdade, ele era mais positivo e alegre do que muitas pessoas que ela conhecia do lado de fora.

Marie imaginou como seria se ele não estivesse na prisão e eles pudessem se conhecer em circunstâncias normais.

Jarvis também pensava em Marie, embora colocasse freios em seu afeto crescente por ela. Ele valorizava aquela amizade e não queria afastá-la expressando o que sentia. Mas a mudança em seus sentimentos encontrou caminho por meio das cartas, que se tornavam cada vez mais íntimas. E então ele percebeu que os sentimentos dela também estavam mudando, quando ela se referiu, nas cartas, à "conexão entre seus corações".

9 – MATE O BUDA

Ao longo de décadas em San Quentin, no CC e em outros blocos de celas, Jarvis com frequência era transferido de cela e de andar. Não havia aviso. Um guarda aparecia e dizia que ele se levantasse, que estava de mudança. Com sorte, tinha permissão para pegar seus poucos pertences.

Ao longo daqueles anos, ele ficou ao lado de alguns dos detentos mais famosos do corredor da morte, inclusive de Charles Manson durante um ano.

Em meados dos anos 1990, Jarvis foi transferido para uma nova cela do Centro de Correção e ouviu uma voz:

– Bem-vindo, irmão.

O novo vizinho era Stanley "Tookie" Williams, cofundador dos Crips, uma das mais famigeradas gangues de rua dos Estados Unidos. No ano em que Jarvis chegou a San Quentin, Williams foi condenado por quatro homicídios e sentenciado à morte.

Jarvis e Tookie cresceram a pouco mais de 30 quilômetros de distância: Tookie no centro-sul de Los Angeles, Jarvis em Harbor City, bairros mergulhados na pobreza e na violência. Embora seus antecedentes fossem semelhantes, eles eram diferentes um do outro na aparência e no comportamento. Uma década mais novo que Tookie, Jarvis tinha mais de 1,80 metro de altura, era esguio e bem barbeado, com o cabelo raspado rente. Tookie era mais baixo, mas com um físico de halterofilista. Usava o cabelo comprido, em tranças. Jarvis podia ser barulhento e provocador, mas geralmente era reservado; Tookie era feroz, bombástico e pavio-curto.

Durante os meses em que foram vizinhos no corredor da morte, conversavam sobre suas famílias no sul da Califórnia e suas experiências em detenções juvenis. Também falavam sobre escrita. Como Jarvis, Tookie publicara artigos e livros, inclusive um de memórias, e estava trabalhando em um livro infantil para educar os jovens sobre drogas e gangues. Eles liam os textos um do outro e faziam críticas e sugestões.

Por trás da aparência de durão e de sua reputação, Tookie era afetuoso e franco. Jarvis respeitava os esforços de Tookie para mitigar o dano que causara: ele renunciou aos Crips e intermediou um tratado de paz entre os Crips e seus maiores rivais, os Bloods.

Três meses depois, eles foram separados quando Jarvis foi transferido de novo, dessa vez para outro andar. E ele não viu Tookie por uma década. No entanto, ouvia muitos relatos, inclusive de que, no outono de 2005, os recursos de Williams finalmente tinham acabado e a data de sua execução fora marcada.

No início de dezembro, Jarvis viu seu velho amigo pela última vez. Os dois homens estavam na sala de visitação. Williams estava se encontrando com seus advogados, discutindo estratégias de última hora para salvar sua vida. Jarvis gritou:

– Ei, cara, como você está?

Tookie respondeu:

– Mão Esquerda! – Os detentos chamavam Jarvis de "Esquerda" ou "Mão Esquerda" porque ele era canhoto. – Quanto tempo, irmão!

Jarvis perguntou a Tookie como ele estava segurando as pontas.

– Você está nos meus pensamentos, cara!

E Tookie lhe assegurou que a execução não aconteceria, que os advogados a impediriam.

Mas quatro dias depois, em 13 de dezembro de 2005, Jarvis soube que a execução estava marcada para a meia-noite.

Naquela noite uma atmosfera sinistra dominava o corredor da morte. Era possível ouvir helicópteros sobrevoando. Manifestantes se reuniram do lado de fora de San Quentin, principalmente defensores de Williams e opositores da pena de morte. Jesse Jackson e Joan Baez estavam lá. Baez cantou "Swing Low, Sweet Chariot".

Nos andares, alguns detentos tentavam ignorar a execução iminente, mas muitos ouviam pelo rádio a cobertura dos esforços de última hora para impedi-la. Primeiro, a Suprema Corte da Califórnia recusou-se a intervir. Em seguida, a Suprema Corte dos Estados Unidos se recusou a ouvir o caso. O governador Arnold Schwarzenegger, última chance de Tookie, lhe negou a clemência.

Menos de uma hora depois da meia-noite, a notícia da execução de Tookie chegou ao corredor da morte.

Quando Jarvis se encontrou com Pema pouco tempo depois, ele desabafou toda a sua dor. Falou sobre outras execuções desde que fora para o corredor da morte, seis ao todo. Aquelas mortes devastaram Jarvis, mas a de Tookie foi diferente.

Jarvis contou que muitos presos passaram a noite da execução vendo esportes na TV e alguns tinham conversas banais, mas falavam mais alto do que o normal, como se para abafar o que estava acontecendo a algumas centenas de metros de distância. Jarvis também queria fugir, se juntar aos outros e ignorar o que estava acontecendo, mas não fez isso – não conseguiu.

– Parecia que meu coração estava sendo arrancado – disse.

Depois completou:

– Achei que essa merda budista protegia você.

Pema olhou para ele e suspirou.

– Jarvis – explicou ela –, não há proteção contra a dor e o

sofrimento. É uma fantasia pensar que podemos estar protegidos disso. Você não iria querer deixar de sofrer quando alguém morre. Que tipo de pessoa isso o tornaria? Uma pessoa muito insensível.

– Ser uma pessoa insensível é mais fácil – respondeu ele.

– Sim, mas você gostaria de ser aquela pessoa insensível de novo?

Jarvis não respondeu imediatamente. Por fim, sussurrou:

– Não.

※ ※ ※

Nos meses seguintes, enquanto Jarvis lamentava a morte de Tookie, também tinha em mente a própria sentença – assim como suas esperanças de conseguir justiça e ser inocentado.

Quando foi sentenciado à morte em 1990, havia uma espera de cinco anos para que o Estado nomeasse um advogado de apelação para um preso condenado, então Jarvis perguntou a Melody se ela poderia encontrar algum advogado que aceitasse seu caso imediatamente. Ela procurou Joseph Baxter, um advogado que também era budista.

Baxter foi ver Jarvis no final daquele ano. Ele tinha cabelos desgrenhados, olhos azul-acinzentados e falava de modo lento e arrastado. Estava usando um terno amarrotado e uma camisa de listras finas e, de muitas maneiras, era o estereótipo do advogado sulista, embora fosse do Brooklyn.

Baxter disse a Jarvis que tinha revisado o caso e o considerava repleto de violações de seus direitos. Havia várias bases para um recurso. Ele disse que assumiria o caso.

Jarvis desconfiava de advogados. O bem que já fizeram a ele ficava evidente pelos anos que passara na cadeia, sem falar na sentença de morte. No entanto, estava grato por ter o apoio de Baxter, que se uniu a outro advogado de apelação, Richard Targow, e a Scott Kauffman, um advogado do Projeto de Apelação da Califórnia (PAC). Em 2001 eles apresentaram uma petição de 515 páginas para iniciar o recurso contra a condenação de Jarvis. Quatro anos depois, em 2005, também entraram com um pedido de *habeas corpus*.

Não houve nenhum movimento em relação ao caso até que, em 14 de fevereiro de 2007 – Dia dos Namorados nos Estados Unidos –, Jarvis recebeu um recado de Baxter informando que a Suprema Corte da Califórnia havia respondido a uma das petições com uma "ordem para apresentação da causa". O tribunal do condado de Marin, onde ele fora condenado, era obrigado a realizar uma audiência e revisar as alegações de seus advogados de que o julgamento de Jarvis havia sido uma farsa. Baxter disse que a audiência poderia levar a um novo julgamento ou mesmo inocentá-lo.

Marie o visitou naquele dia e eles ficaram exultantes. Foi o melhor presente de Dia dos Namorados que poderiam ter recebido.

* * *

Na época em que Jarvis se tornou aluno de Chagdud Tulku Rinpoche, começou a se espalhar pelas comunidades budistas do mundo a notícia de que um prisioneiro no corredor da morte estava estudando com o grande lama. A história se alastrou ainda mais quando ele se tornou aluno de Pema, e a fama dele crescia à medida que ela mencionava Jarvis em seus livros e suas palestras. Nos anos seguintes, cada vez mais estudantes, praticantes, monjas e monges budistas escreviam para ele e muitos o visitavam. Uma vez, um guarda disse a Pamela que a lista de visitantes aprovados de Jarvis era a mais longa do corredor da morte.

Jarvis gostava da maioria dos visitantes e aprendia com muitos deles. No entanto, alguns o deixavam confuso e exasperado. Uma vez, ele se queixou a Hozan Alan Senauke, um sacerdote

Sōtō Zen e vice-abade do Berkeley Zen Center, que se tornou um amigo próximo:

– Esses caras aparecem aqui todos vestidos de swami, empurrando as viagens espirituais deles pra cima de mim. Chegam aqui como se fossem o próprio Buda. Mas são como turistas: o corredor da morte é um destino exótico. Eles colecionam troféus e estão à procura de um condenado do corredor da morte para mostrar por aí.

Muitos desses budistas supostamente muito evoluídos eram condescendentes e lhe diziam que o budismo dele estava totalmente errado:

– Que não medito direito, que não leio os livros certos, que não entendo nada.

Ele estava desapontado porque esperava encontrar praticantes avançados que o inspirassem com sua humildade, sabedoria e generosidade.

Em resposta, Alan lhe ofereceu um koan zen de autoria do mestre zen chinês Lin Chi para que ele refletisse: "Se você encontrar um buda, mate o buda." Alan explicou:

– Então pense sobre isso: mate o Buda.

– Matar o Buda? – perguntou Jarvis. – *Por quê? Como?*

Ao ver a perplexidade de Jarvis, Alan sorriu para ele e falou:

– Deixe a resposta vir até você. Apenas relaxe.

* * *

Monges e praticantes budistas continuavam a visitar o corredor da morte para conhecer Jarvis. Joe Baxter enviou Baba Ram Dass, ex-professor de Harvard e braço direito de Timothy Leary que escrevera o guia espiritual fundamental dos anos 1970 *Be Here Now* (*Esteja aqui agora*). Jarvis ficou impressionado com Ram Dass – até porque ele, de algum modo, convencera os guardas a deixá-lo entrar em San Quentin descalço.

Outra vez Joe enviou um monge, um garoto americano de cabeça raspada, colar de contas, sandálias, túnica vermelha – o pacote completo. Quando o monge falou, Jarvis percebeu que era apenas mais uma fraude pomposa tentando transmitir sabedoria como o guru que não era.

O monge ficou falando e falando, gabando-se de suas viagens ao Tibete e à Índia e de seu encontro com o Dalai Lama. Jarvis teve a mesma sensação de quando outros budistas supostamente evoluídos o visitavam: que aquele tipo de arrogância era o contrário do budismo. O monge o estava deixando zangado, e ele ficou tentado a terminar a visita antes da hora.

Depois de algum tempo, o monge olhou para o outro lado da sala, para a parede com máquinas de venda automática, e anunciou que queria uma Coca-Cola. Jarvis chamou o guarda, que o deixou sair da gaiola. Jarvis o observou se aproximando de uma máquina e enfiando as moedas nela. Nada aconteceu. O monge sacudiu a máquina. Nada. Então ele recuou e chutou a máquina com uma ferocidade chocante.

Todos no salão olharam para o monge. Um dos guardas olhou para Jarvis e balançou a cabeça.

O monge voltou, estendeu as mãos vazias e suspirou.

– A máquina roubou meu dinheiro – falou, antes de retomar seu sermão sobre paz, tranquilidade e desapego.

Jarvis o interrompeu:

– Espera um minuto. Você está falando de iluminação e desapego e essa coisa toda, então por que estava tentando matar aquela máquina? O que foi aquilo?

O monge olhou para ele como se a resposta fosse óbvia.

– Eu queria minha Coca-Cola.

Jarvis riu e se deu conta de que, em meio a toda a preleção, o monge estava lhe ensinando uma lição que não planejava ensinar. As vestes e a pregação do homem eram a proteção dele contra a própria confusão. Ele não era nenhum ser elevado e sem ego que transcendera o desejo e permanecia impassível às trivialidades da vida. Sabia mais palavras tibetanas do que Jarvis, mas, fora isso, os dois não eram tão diferentes assim. O monge estava se agarrando desesperadamente à própria prática budista porque precisava dela para não ser engolido pelo mundo. Jarvis olhou para o monge outra vez e viu alguém que lutava e sofria, como todos nós. A empatia brotou dentro de Jarvis, e ele aproveitou o resto da visita.

Quando terminou e Jarvis estava sendo escoltado de volta ao andar, olhou por cima do ombro para o monge que partia em suas vestes esvoaçantes. Jarvis compreendeu por que ficava tão irritado e zangado com aquele sujeito e os outros monges condescendentes que o visitavam – porque ele queria que fossem mesmo o que alguns deles imaginavam ser: uma reencarnação do Buda vindo salvá-lo.

O significado do koan de Alan lhe ocorreu. Ele não sabia se era o significado correto, mas todos os seus professores permitiam que interpretasse o budismo da maneira que funcionasse para ele. Jarvis tinha visto como o budismo encontra você onde quer que você esteja e permite que tire dele o que puder no momento. Na verdade, o budismo era distinto de outras religiões neste ponto: não havia regras e mesmo seus preceitos mais fundamentais eram infinitamente flexíveis. Mas, apesar de tudo isso, ele ainda imaginava o Buda como uma espécie de divindade sentada no topo de uma montanha, tendo transcendido o sofrimento. Ele queria que o Buda o erguesse de San Quentin até o topo da montanha, bem acima do próprio sofrimento, que o salvasse. Era esse o Buda que ele tinha que matar, a ilusão de que qualquer coisa fora de nós pode nos salvar. O que aprendeu foi que o Buda não pode nos salvar. Nem Jesus. Nem Alá. Só nós mesmos podemos nos salvar.

PARTE 3

A TERCEIRA NOBRE VERDADE

O fim do sofrimento

"Passamos a vida desenvolvendo respostas para a dor e a dificuldade. Mudar esses velhos hábitos é como tentar reverter o impulso de uma rocha rolando pela encosta de uma montanha. Exige esforço, habilidade, paciência, perseverança e uma quantidade nada pequena de coragem."
– Lama Shenpen (Lisa Leghorn)

10 – CONEXÃO

Além de avançar com os trâmites do recurso, Baxter e outros advogados estavam trabalhando para tirar Jarvis do Centro de Correção. Estudos comprovaram que o confinamento solitário é psicologicamente prejudicial, embora não seja necessário fazer pesquisa nenhuma para perceber os danos que semanas, meses, anos e décadas de solidão em uma caixa podem infligir. Tribunais determinaram que o confinamento solitário é uma punição cruel e excepcional. Um relatório da ONU concluiu que uma permanência de mais de quinze dias em isolamento é "equivalente a tortura". Jarvis já estava no buraco há 22 anos.

Os jarvistas também organizaram uma campanha para que a prisão o liberasse do CC. Apoiadores de Jarvis escreveram para o diretor de San Quentin, para representantes do Departamento de Correção e Reabilitação da Califórnia e para políticos. Uma tarde, Scott Kauffman levou a Marie cópias das cartas enviadas ao diretor; havia centenas, do mundo todo. Marie e Pamela se reuniram com o ombudsman de San Quentin, funcionários do condado e legisladores. No entanto, citando o histórico criminal e a afiliação de Jarvis a gangues no passado, a prisão ignorou todas as cartas e consultas e, durante anos, negou os pedidos dos advogados.

Finalmente, em março de 2007, Jarvis foi acordado de manhã e lhe disseram que arrumasse suas coisas. Os esforços dos advogados e de seus apoiadores finalmente surtiram efeito; enfim ele estava saindo da solitária.

※※※

– Descendo com um!

As palavras ecoaram pelo bloco cavernoso de celas. Esperando pelo "Tudo certo" da segurança do andar térreo, um guarda segurou o braço de Jarvis e o conduziu para fora do CC, escoltando-o para o Bloco Leste, onde o trancou em uma cela menor. A primeira coisa que Jarvis notou no Bloco Leste foi o barulho ensurdecedor. O CC tinha os próprios ruídos, em grande parte silenciados pelas portas sólidas das celas. Ali, onde as portas das celas eram de grades e telas, o som viajava e se misturava: uma cacofonia de gritos, alarmes, campainhas, chamados de alto-falantes para os guardas, portas de celas batendo, TVs e rádios estridentes. Jarvis sofrera convulsões quando criança: a primeira, quando soube que Mamie Procks havia morrido. Não as tinha havia uma década, mas naquela primeira noite no Bloco Leste ele teve a pior convulsão de sua vida.

Por duas décadas, tudo que ele queria era sair do CC, mas agora, sentindo-se vulnerável e sobrecarregado, tudo que queria era voltar.

※※※

Ao longo dos 22 anos no CC, Jarvis tinha permissão para sair apenas para um pátio pequeno ou uma gaiola, como um cachorro de canil. Naqueles lugares confinados, ele era capaz de dar pouco mais de uma dezena de passos e percorria essa curta distância milhares e milhares de vezes. Na primeira saída para o pátio do Bloco Leste, Jarvis deu dez passos e congelou. Por fim, respirou fundo e deu um passo à frente, depois outro.

Sempre que entrava em pânico no Bloco Leste, Jarvis meditava e, lentamente, foi se acostumando com sua nova casa. Passou a apreciar a escova de dentes de verdade que podia usar em vez de apenas a cabeça de uma delas (um cabo de escova de dentes poderia ser afiado e transformado numa arma); e o tubo de pasta de dente em vez de uma pequena quantidade em um copo de papel. Melody levou para ele um *mala* de verdade, um colar de contas de madeira laqueada. Com certa nostalgia, ele deixou de lado seu *mala* de aspirinas.

Numa cela com a cama parafusada na parede (ao contrário da base de concreto que tinha no CC), ele parecia ter um espaço muito maior, porque podia guardar seus pertences embaixo da cama. Teve permissão para receber presentes que eram proibidos no CC. Pamela e Marty enviaram uma nova TV e um aparelho de CD encomendados de um fornecedor aprovado pela prisão. Também enviaram uma chaleira elétrica, na qual ele costumava ferver água para o macarrão instantâneo e o café vendidos na cantina da prisão.

Por mais de vinte anos, todos os ensaios e cartas e seu livro tinham sido escritos à mão com cargas de caneta. No Bloco Leste, ele ganhou outro presente de Pamela: uma máquina de escrever IBM Selectric.

Jarvis decorou a cela com fotos da mãe e de amigos, postais que eles enviavam de suas viagens ao redor do mundo, pôsteres de Bob Marley, Jimi Hendrix e Pam Greer, e uma imagem do Buda.

Ele tinha dinheiro em sua conta, financiado pelos Krasneys e outros amigos, e o usava para comprar doces, batatas fritas, macarrão instantâneo e outros petiscos. Jarvis também criou uma instituição de caridade na prisão, trocando barras de chocolate Mars, Snickers e Kit Kat por selos postais. Sempre que acumulava 50 dólares em selos, ele os enviava para a Human Kindness Foundation, uma organização sem fins lucrativos que trocava selos por livros para os prisioneiros.

O pátio do CC tinha uma quadra de basquete, mas era patética: uma superfície de terra rachada e cheia de mato, com aros tortos e sem redes. Em contrapartida, o pátio do Bloco Leste tinha uma quadra de tamanho oficial com redes novas e linhas brancas recém-riscadas. Para Jarvis, era um verdadeiro estádio.

Entre os novos privilégios, os que mais importavam para Jarvis eram as novas formas de se conectar com os amigos. Ele poderia solicitar o uso de um telefone, que era levado à sua cela em um carrinho. Ligava para amigos que criavam contas pré-pagas na operadora de telefonia da prisão e conversavam em intervalos de quinze minutos (duração máxima das chamadas), às vezes por horas.

O novo privilégio mais extraordinário tinha a ver com as visitas. Dentro do CC, onde painéis arranhados e sujos de acrílico o separavam dos visitantes, o mais próximo que ele podia chegar do contato físico era colocar as mãos no lado oposto da divisória onde a visita estava. No Bloco Leste ele tinha visitas de contato. Era escoltado para uma das pequenas gaiolas com grades cobertas com acrílico que ficavam enfileiradas, lembrando um circo antigo, como se o interior fosse ocupado por ursos-negros e tigres siberianos em vez de homens. Havia uma mesa e cadeiras de plástico dentro de cada gaiola. Os guardas o fechavam ali e tiravam suas algemas. Com as mãos livres, ele e os amigos podiam se tocar e até mesmo se abraçar.

A primeira vez que Pema foi vê-lo em sua nova casa, ela e Jarvis apenas olharam um para o outro por um instante. Em seguida abriram amplos sorrisos e se abraçaram.

E depois Marie veio. Eles foram autorizados a se abraçar quando se encontraram e novamente quando se separaram. Pelo restante do tempo de visita, eles se limitaram a dar as mãos, mas gostaram de sentir o calor e a pulsação um do outro. Um dia Marie disse em voz alta o que ambos estavam pensando: ela estava se apaixonando por ele.

Jarvis ficou aturdido ao perceber que ela compartilhava de seus sentimentos. Disse a ela que sentia o mesmo.

As declarações não alteraram a troca de cartas e os encontros, mas eles se sentiam diferentes. Ambos estavam mais tímidos, vulneráveis. Jarvis estava alegre, embora não tivesse certeza se podia confiar que esse sentimento iria durar.

Jarvis tinha fantasiado pedir Marie em casamento ao longo de seis meses antes de ser liberado do CC, mas estava muito nervoso para fazer o pedido. O que significaria um casamento entre duas pessoas separadas uma da outra por uma grossa placa de acrílico? A expressão de amor por parte dela era uma coisa, mas ele temia que ela o rejeitasse. Ele não queria afugentá-la forçando a barra. No entanto, quando ficou livre do CC, não havia mais uma parede entre eles, e ele tomou coragem, se ajoelhou e pediu. Ela não disse nada no início.

Depois sorriu e chorou.

– Quero – disse ela. – Mas acho que devemos nos casar ao ar livre. Quando você tiver saído daqui.

O coração de Jarvis estava pulando em seu peito.

* * *

Nunca ocorrera a Marie que Jarvis *não* sairia. Ele era inocente e a justiça prevaleceria. *Tinha* que prevalecer. Depois de trabalhar incansavelmente para libertá-lo da solitária, ela se juntou a Pamela e aos outros que estavam lutando para que ele fosse inocentado. Ela o imaginou muitas vezes saindo de San Quentin. Era quando deveriam se casar. Mas mudou de opinião quando Rick Targow lhe disse que, mesmo que Jarvis saísse vitorioso da próxima audiência, poderia levar anos até que fosse libertado. Ela também descobriu que, como esposa, poderia ligar para a prisão e obter notícias dele se houvesse um lockdown ou se ele estivesse doente. Como legítima esposa, poderia fazer consultas sobre o processo judicial e tomar decisões médicas, caso ele não pudesse fazer isso sozinho.

Então ela concordou em não esperar.

Eles tiveram duas cerimônias de casamento em junho. Primeiro, a cerimônia realizada por um capelão da prisão em uma cerimônia reconhecida pelo Estado. Uma semana depois, Pema foi até lá para realizar uma cerimônia de casamento budista tibetana tradicional, embora adaptada ao corredor da morte. Normalmente, a cerimônia é conduzida com seis tigelas, cada uma contendo uma oferenda que simboliza as virtudes de um bom casamento. As tigelas não eram permitidas na prisão, então, como preparação, Marie colocou as tigelas que continham as oferendas – uma flor, incenso, uma vela, água perfumada, comida e um pequeno sino – na mesa da cozinha de casa. Ela fotografou cada tigela e encomendou cópias.

No dia do casamento, Marie colocou as seis fotografias em um círculo na mesa de madeira na gaiola. A mesa se transformou num altar. Ela e Jarvis deram as mãos enquanto Pema pedia ao casal que se comprometesse a cultivar "generosidade, bondade, entusiasmo, disciplina, sabedoria, paciência e, acima de tudo, compaixão, não apenas por si mesmos, mas por todos os seres". Ela disse:

– O mais importante é que vocês sejam gentis um com o outro.

Quando a cerimônia terminou, o guarda de plantão tirou uma foto dos noivos. Então eles e Pema dividiram bolinhos comprados na máquina de venda automática.

※ ※ ※

Jarvis admitiu que nunca tivera um relacionamento sério que durasse muito e não sabia como fazer isso. Aos 12 anos, fora apresentado ao sexo por uma garota que tinha sido apresentada ao sexo por um tio.

Quando garoto em Harbor City e em detenções juvenis, Jarvis teve namoradas, mas os relacionamentos não duraram. Ele se perguntou se, no passado, tinha visto algum homem tratar as mulheres com bondade e amor. Havia um: Dennis Procks, que era louco por Mamie. Esse foi o único de que conseguiu se lembrar. Fora isso, quem dizia a ele para respeitar as mulheres eram homens que batiam em suas namoradas, esposas e filhas. Ele tinha visto garotas sendo esbofeteadas, expulsas de casa e chamadas de prostitutas pelas mães, que *eram* prostitutas, e pelos pais, que eram cafetões. A mãe dele tinha sido abusada por homens violentos, um após o outro.

Anos antes, ele e Melody haviam conversado muito sobre masculinidade, e ela levara para ele alguns livros sobre o assunto. Em uma dessas discussões, ela lhe perguntou:

– O que um garoto aprende sobre as mulheres com a mãe que era prostituta, que às vezes lhe oferecia amor, mas às vezes recusava, que era violenta e não conseguia proteger o filho de homens violentos?

Jarvis ficou sério.

– A não ter muita confiança – disse ele – e a não se tornar necessariamente alguém em quem se pode confiar. Você aprende a fugir. A abandonar antes de ser abandonado.

Agora que estava casado, Jarvis falou sobre seus medos com Pema.

– Tenho medo de estragar tudo – confidenciou.

Eles conversaram um pouco antes de Pema dizer:

– Eu estava pensando em uma coisa que você me disse uma vez, como se sentia mal por não ter protegido sua mãe de seu pai e de outros homens. Você também sentia que deveria ter protegido suas irmãs. Sentia essa culpa mesmo que não pudesse protegê-las; você era apenas uma criança. Independentemente de fazer sentido ou não, talvez você sinta que não merece a confiança de uma mulher.

– O que tenho com Marie é diferente de qualquer coisa que já senti. Quero que seja diferente.

– Você *está* diferente. Já não é a mesma pessoa que era antes.

Com o passar dos meses, a questão pairava no ar e, enquanto isso, Jarvis e Marie foram desafiados de maneiras que outros casais não são. Não há lua de mel no corredor da morte. Eles se viam sempre que possível, falavam ao telefone quando podiam e escreviam inúmeras cartas, mas não tinham privacidade: as visitas eram monitoradas e as cartas eram lidas. Às vezes não conseguiam se falar nem se ver por semanas ou meses por causa dos lockdowns. Marie se preocupava com ele quando havia violência na prisão e não podia ajudar quando ele ficava doente. Mas estava tudo bem, ela disse a si mesma. *Ficaria* tudo bem. Ficaria tudo bem quando ele saísse.

11 – PERDÃO

"Mama, escrevi para o meu pai."
Pema estava em sua abadia na Nova Escócia, onde passava metade do ano, quando recebeu a carta de Jarvis.
"Escrevi para ele por pressão de Marie", continuou ele. "Ele respondeu, me contou sobre seus problemas – diabetes, pedras nos rins, ataque cardíaco. Eu estava furioso com ele, mas ele quer me visitar. Não tenho certeza se quero vê-lo."
Jarvis teve notícias do pai, Harline Masters, apenas uma vez em mais de vinte anos. Ele visitou Jarvis assim que este foi preso, mas desde então, nunca mais. Jarvis disse a Marie para dizer que não, que o homem era um filho da puta, mas ela argumentou que o pai dele estava velho, debilitado e poderia ser sua última chance de ver o homem. Ele concordou com a visita.

✳ ✳ ✳

No final dos anos 1980, quando Melody estava escrevendo a história social da vida de Jarvis, ela lhe perguntou sobre o pai e ele relatou vários episódios de violência. Contou a Melody sobre a noite em que se escondeu embaixo da cama quando Harline bateu em Cynthia e ameaçou matar ele e as irmãs. Às vezes Harline ameaçava Jarvis e as outras crianças com uma navalha, e uma vez, em um acesso de raiva, colocou fogo na casa. A tia e o tio de Jarvis chegaram e encontraram as crianças gritando dentro da casa em chamas.

Harline deixou a família logo depois e quase não teve contato com o filho desde então. Durante a fase de juízo de causa do julgamento, quando Melody procurou Harline para entrevistá-lo, ele lhe pediu dinheiro.

Na época em que estava trabalhando no relatório e Jarvis contou a ela sobre a violência do pai, Melody dissera:

– Ele foi um péssimo pai.

A reação de Jarvis a chocou.

– Talvez não fosse um péssimo pai – retrucou ele. – Talvez tenha sido o *melhor* pai.

– Do que você está falando? – perguntou Melody. – Ele *machucou* você. Ele *abandonou* você.

– Mas o que os pais deveriam fazer? – prosseguiu Jarvis. – Um bom pai não dá o que você quer, ele dá o que você precisa. Os pais devem proteger os filhos e foi o que ele fez.

– Mas ele *aterrorizava* você!

– Quando fez isso, ele me deu um presente. Ele me deu o ódio. Eu *precisava* desse ódio. O ódio pelo meu pai me ajudou a sobreviver. Eu não estaria vivo se não fosse por esse ódio.

Ele pôde ver que ela ainda estava perplexa, então explicou:

– Todas as vezes que briguei com alguém na rua, que fui atacado e revidei, dando mais do que recebi; que conselheiros violentos e pais adotivos e outros tentaram me derrubar, e eu recebi esse abuso e sorri um sorriso que os fez bater em mim com mais força ainda e me jogar no chão e me chutar, meu pai me deu essa raiva, e essa raiva é o motivo de eu estar vivo.

Ele fechou os olhos, apertando-os.

– Se eu tivesse me permitido sentir medo, estaria morto. Ele me ensinou o que significa ser um homem de verdade. Destemido. Durão. Guerreiro.

Melody concordou com um aceno de cabeça. Depois perguntou calmamente:

– Mas será que um homem de verdade é alguém que odeia assim, briga assim, ou um homem de verdade é bondoso, amoroso, um bom provedor para seus filhos?

– Está aí uma pergunta que ninguém nunca me fez.

* * *

Harline nasceu em Waco, Texas, enquanto o pai dele, o avô de Jarvis, estava preso na Califórnia por roubo de gado e falsificação. Depois Harline também foi para a Califórnia e, quando chegou à idade adequada, se alistou no Exército. Após receber dispensa, mudou-se para o sul da Califórnia. Uma noite, foi a uma festa em um carro com as palavras LADRÃO DE AMOR pintadas no para-choque traseiro. Naquela noite ele conheceu Cynthia Campbell.

Poucas semanas depois de se conhecerem, eles se casaram, apesar de a mãe de Cynthia avisar Harline de que a filha não era flor que se cheirasse. Cynthia já tinha Tommy e Robbie. Harline e Cynthia tiveram Charlene, depois Jarvis, que nasceu em 1962, e em seguida Birdy. Harline foi embora em 1967.

* * *

Quando Jarvis concordou em ver Harline, Marie tomou as devidas providências. Na manhã da visita, Jarvis estava nervoso. Quando chegou à gaiola de visitas, viu que Marie estava sozinha. Ela lhe contou que Harline havia cancelado. Tinha um torneio de boliche em que poderia ganhar muito dinheiro.

Jarvis ficou furioso.

– Um torneio de boliche? – perguntou, incrédulo.

Ele se sentiu um idiota por concordar em ver o pai, mas as palavras de Harline ficaram se repetindo em sua mente e ele não conseguiu deixar de rir. Jarvis ficou estranhamente animado.

– Como posso ficar bravo com um pai que não vê o filho por todos esses anos e depois cancela por causa de um jogo de boliche?

Ele pensou em um ditado budista: "Você não pode esperar que uma pedra não seja pedra." E riu de novo.

Uma semana depois do cancelamento, Harline ligou para Marie e perguntou se ela poderia marcar outra visita. Marie transmitiu a mensagem para Jarvis, que disse não.

– Você não consegue perdoá-lo? – perguntou ela. – Ele está velho. Está doente.

– Tem muita dor. Essas lembranças... Estive pensando sobre isso. O que ele fez com a minha mãe. Com as minhas irmãs. Comigo. Não tenho motivo nenhum para me encontrar com ele.

Mas, ao longo dos seis meses seguintes, Marie o convenceu. Ela repetiu o argumento de que aquela visita poderia ser a última oportunidade de Jarvis ver o pai.

* * *

Na manhã marcada, Jarvis esperou na gaiola. Não se surpreenderia se Harline não aparecesse, mas ele acabou aparecendo, vestido com seu uniforme de trabalho. Além de gerenciar um negócio próprio de reciclagem – Harline coletava latas e garrafas na carroceria de uma velha caminhonete –, ele trabalhava como guarda de trânsito em uma escola, e todas as roupas que usava eram amarelas: uma camisa polo amarela desbotada, calça amarela com listras amarelas fluorescentes e uma jaqueta amarela.

Quando viu o filho, Harline gritou:

– Jay!

Era como ele chamava Jarvis quando este era menino. Os olhos deles se encontraram e, para Jarvis, foi como se olhar no espelho.

Um guarda deixou Harline e Marie entrarem na gaiola e trancou a porta. Jarvis abraçou Marie, depois olhou para o pai de novo e disse:

– Oi.

Eles trocaram um abraço superficial. Harline moveu a cabeça em uma espécie de reverência.

– Filho – disse.

Eles se sentaram e Harline afirmou o óbvio:

– Faz um tempão.

Jarvis sorriu.

– Sim.

Ele se esforçou para conciliar a imagem do homem idoso à sua frente com a do monstro que batia nele, que ficava jogado no chão num estupor causado pelo crack e, por fim, abandonara a família.

Por algum motivo, talvez a prática budista que lhe ensinara a enfrentar suas lembranças mais difíceis, Jarvis mencionou aquela surra.

– Vou dizer o que penso quando penso em você – disse. – Aquela noite... – Ele falou sobre a vez em que Cynthia escondeu Jarvis e as irmãs enquanto Harline, enfurecido, a espancava ameaçando matar as crianças. – Eu estava embaixo da cama o tempo todo – revelou. – Vendo. Ouvindo.

Harline pareceu confuso. Tirou os óculos, esfregou os olhos e recolocou os óculos. Depois de um instante, falou:

– Eu nunca fiz isso. Não era eu. – E olhou para Jarvis. – Aqueles sapatos eram de outra pessoa. Não fui eu.

Jarvis ficou atônito. No começo, pensou que Harline estivesse mentindo. Mas depois teve uma visão chocante, quase como uma sequência de imagens dentro de sua cabeça. Ele viu a mãe olhando pela janela. Ele a ouviu gritar:

– É o papai! Peguem suas coisas!

Jarvis lembrou de todos os "papais". Cynthia chamava alguns

homens que a visitavam – uns por uma noite, outros por mais tempo – de "papai" ou "tio". "Digam oi pro papai", ela dizia às crianças, ou "Esse é o tio Bobby".

Ele refletiu: *Eu só tinha 4 anos. O que uma criança de 4 anos sabe? E se aquele homem não fosse meu pai?*

Tanta coisa em sua vida fora construída a partir da lembrança daqueles sapatos. A raiva do pai, o ódio do pai que estava por trás de cada soco que dera em alguém: nas crianças da rua e das detenções, nos homens da prisão.

Jarvis se lembrou de toda a dor que, com certeza, fora causada por seu pai, as surras, a negligência, mas nada daquilo importava para ele de verdade naquele instante. Agora seu pai era um senhor idoso em uma liga de boliche que trabalhava como guarda de trânsito. Ele passara anos viciado em crack, mas, enquanto conversavam, Jarvis descobriu que ele estava limpo. Ele tivera uma namorada por trinta anos, mas ela morrera. Agora estava criando a neta, filha da enteada.

E ali estava ele agora, com o filho. A raiva e o ódio de Jarvis? Ele sabia que não tinham passado. Eliminá-los completamente exigiria mais tempo e esforço. Mas sentiu algo puro e inesperado, uma espécie de calor no ambiente. No rosto do pai, Jarvis enxergou um leve brilho.

Então um guarda se aproximou e anunciou que o tempo havia acabado. Jarvis se levantou e começou a agradecer ao pai por ter vindo, mas Harline já estava enfrentando o guarda:

– Preciso de mais tempo com o meu filho. Faz anos que não o vejo.

O guarda foi respeitoso, mas firme:

– Lamento, senhor. O tempo da visita acabou.

– Acabou coisa nenhuma! – disse Harline. – Não vou sair.

Jarvis olhou para o pai e sorriu.

– Está tudo bem – explicou. – São as regras. Venha aqui.

Dessa vez, ele deu um abraço apertado em Harline. O pai estava chorando? Jarvis o segurou por mais alguns instantes e o soltou. Mas Harline agarrou-se ao filho e as lágrimas também brotaram em Jarvis.

Depois que Harline saiu, Jarvis pensou nos gritos dele com o guarda e percebeu que era a primeira vez que o pai lutava por ele. Aquilo trouxe mais um instante de leveza. Mais tarde naquele dia, de volta à cela, Jarvis dobrou seu cobertor, colocou-o no chão e se sentou para meditar. Ele estava cheio da alegria do... do perdão. Sentia algo que nunca imaginara que poderia sentir pelo pai: um redemoinho de algo que mal conseguia identificar, mas acabou identificando: o sentimento de amor por aquele homem idoso.

* * *

Pema ficou fascinada quando Jarvis falou sobre a visita de Harline e contou uma história budista clássica sobre um monge viajando com um aluno. Eles estavam se preparando para atravessar um rio quando uma mulher se aproximou e disse que a correnteza era forte demais e ela não conseguiria atravessar sozinha. O monge mais velho pegou a mulher, carregou-a até o outro lado do rio em seus ombros, colocou-a delicadamente na outra margem e seguiu sua jornada.

O aluno ficou perplexo, porque os monges daquela ordem não tinham permissão para tocar em mulheres. Ele alcançou o professor e perguntou: "Como o senhor pôde carregar aquela mulher nos ombros?" Ao que o monge respondeu: "Eu a coloquei no chão quando chegamos ao outro lado do rio. Você ainda a está carregando."

– Há quanto tempo você carrega seu pai? – perguntou Pema.

O alívio de Jarvis foi palpável quando ele sentiu que não precisava mais carregá-lo.

A experiência conduziu a uma série de conversas com Pema

sobre o perdão; ela sugeriu que ele fizesse uma lista das pessoas que mais odiou ao longo da vida. Era longa. Em muitos casos, o ódio era justificado. Quem não odiaria aqueles que o espancaram, o separaram da sua família, o obrigaram a brigar e o queimaram, abandonaram e traíram? Quem não odiaria supostos amigos que o traíram e o acusaram de um crime terrível que você não cometeu, que o processaram por esse crime, um júri que o considerou culpado por cometer esse crime e uma juíza que o condenou à morte? Havia muitas outras pessoas: parentes e pais temporários violentos, psicólogos e assistentes sociais que prometeram ajudá-lo mas não ajudaram, conselheiros e carcereiros, e assim por diante.

Como Pema o instruíra, quando meditava, Jarvis se concentrava em cada uma dessas pessoas, uma de cada vez. Ele começou com aquelas que o machucaram quando era jovem. A raiva o engoliu quando pensou nelas e na crueldade delas. Todas as vezes, era como entrar em um pesadelo. Mas, como Pema prometeu, em algum momento ele reconhecia que estava em uma história, sentado em meditação, e fazia o que ela havia ensinado durante a brecha: respirava. Livre da história, retornava ao próprio corpo. Sentava-se com a pessoa outra vez e a olhava nos olhos. Em todos os casos, ele via algo que nunca tinha visto antes. Sob a ira e a violência, via sofrimento. Quando via a dor, a espiral de fúria que sentia se dissipava.

A raiva tomou conta dele de novo quando chegou aos promotores, ao júri e às testemunhas que mentiram sobre ele, condenando-o e sentenciando-o à morte. Ele sabia que o ódio era justificado nesses casos. No entanto, quando se obrigou a olhar nos olhos dessas pessoas, viu-as de um jeito diferente. Viu tristeza, solidão e confusão. Viu cicatrizes. Seu ódio se transformou em algo parecido com ternura, embora o sentimento bom nem sempre durasse. Quando imaginava aqueles rostos novamente, a raiva se acendia. Ele pensou: *O sofrimento dessas pessoas não justifica a dor que me infligiram. Elas destruíram a minha vida.* Em seguida lembrou de algo que Pema disse uma vez: mudamos aos trancos e barrancos, não há como apressar isso. Ele então se deu conta: *Não consigo perdoá-las. Ainda não.*

Foi ainda mais complicado quando chegou à juíza Savitt. De todos que o colocaram no corredor da morte, era nela que ele pensava com mais frequência. Durante o julgamento, às vezes a via como uma espécie de figura materna, mas também se lembrava da expressão dura em seu rosto, como uma máscara, antes de proferir a sentença de morte. Enquanto meditava, porém, ele viu uma garotinha assustada por trás dessa máscara.

Jarvis se lembrava dela dizendo, na audiência de sentença, que não acreditava na pena de morte, mas que o trabalho dela exigia que ignorasse a própria consciência e cumprisse a lei. Ele percebeu que ela estava em conflito, confusa, e a imaginou depois do julgamento. *Se ela não acredita na pena de morte,* ele se perguntou, *será que era difícil viver sabendo que havia condenado um homem à morte?*

Quando o sentenciou, a juíza Savitt reconheceu que decidir a punição fora a decisão mais difícil que já enfrentara. Ela se sentia obrigada a impor essa sentença, mas ele sabia que ela lutara contra essa obrigação.

– Quando as pessoas tentam e falham, é mais fácil perdoá-las do que quando nem sequer tentam – disse ele a Pema quando conversaram depois. – Eu vi a confusão no rosto da juíza Savitt, até mesmo o medo. É difícil ficar com raiva depois disso. Não que não a culpe mais às vezes. Não sei se posso perdoá-la completamente também. Mas quando penso nela e a vejo como uma pessoa que, como o resto de nós, falha e tenta seguir a vida, o sentimento é diferente.

– Esse sentimento – disse Pema – é compaixão.

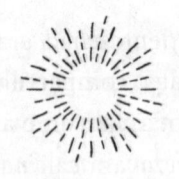

12 – OUTRO JEITO

Jarvis ligou para Pema dias depois, naquela mesma semana, para atualizá-la sobre os últimos acontecimentos no corredor da morte. Uma semana antes, ele estava no pátio e viu seu melhor e mais antigo amigo, Freddie Taylor. Depois de ser condenado por homicídio doloso e sentenciado à morte em 1985, Freddie estava no CC quando Jarvis, acusado pelo assassinato de Burchfield, foi transferido para lá. Os dois homens tinham histórias parecidas. Como Jarvis, Freddie tinha crescido em instituições do Estado, inclusive reformatórios, onde foi submetido às mesmas violências que Jarvis sofreu. Quase todos os meninos num dos reformatórios em que Freddie ficou eram brancos. Até os 7 ou 8 anos, ele achava que seu nome era "Crioulo". Antes de ser transferido para San Quentin, Freddie estava na Penitenciária Folsom, onde, como Jarvis, fora treinado e admitido pela BGF. Ele recebera o nome Yero, termo em suaíli que significava "soldado nato".

Jarvis estava em sua fase mais dura e cruel na época, furioso com a acusação de assassinato, furioso com tudo, brigando com outros detentos e guardas, e sendo treinado como soldado da BGF. Ele abraçou a educação e a doutrinação política e valorizava sua posição em uma das gangues mais poderosas de San Quentin.

A BGF e seus antecedentes não eram as únicas coisas que tinham em comum. Eles compartilhavam o mesmo senso de humor. Quando começavam, riam tanto e tão alto que as pessoas no pátio os mandavam calar a boca, o que os fazia rir ainda mais.

Freddie encontrou Jarvis logo após a morte de Cynthia e consolou o amigo; também encorajou Jarvis quando começou o julgamento por assassinato e, de novo, quando ele foi condenado. Ao longo daquele período, Jarvis também apoiou Freddie quando a data de sua execução foi marcada e quando foi remarcada depois que os advogados de Freddie conseguiram um adiamento. Jarvis ajudou Freddie a manter a positividade.

– Vai ficar tudo bem. Aguente firme.

Quando Freddie soube que Jarvis estava meditando, ficou duvidando.

– Que treta é essa? – Ele ficou claramente desrespeitoso quando Jarvis começou a falar sobre budismo: – Você só pode estar de sacanagem, né? Um budista, porra? Você vai rezar para aquele filho da puta gordo? Que papo furado.

Mas Freddie percebeu que Jarvis estava mudando. No começo, não conseguia apontar o que havia de diferente, mas acabou percebendo que o amigo não estava mais furioso o tempo todo, não estava sempre com raiva, não ficava procurando briga. Freddie pensou sobre a maneira como a maioria dos homens reagia à própria sentença de morte. Muitos ficavam com raiva no começo e, com o tempo, a fúria os dominava completamente. Jarvis ainda tinha explosões de raiva (um dia, xingou um guarda e passou várias semanas numa cela silenciosa). Mas aqueles acontecimentos eram raros e, enquanto a maioria dos homens entrava numa espiral descendente e ficava cada vez mais cruel e insana, Jarvis estava se tornando um budista, porra! Freddie foi cínico em relação às mudanças por muito tempo, mas seu cinismo se transformou em perplexidade quando viu Jarvis fazer coisas que os prisioneiros nunca faziam... coisas que poderiam matá-lo.

Jarvis saiu para o pátio numa manhã de neblina e viu Freddie numa conversa animada com um grupo de homens. Ele se aproximou por trás do velho amigo e o saudou:

– E aí, bagulho?

Freddie se virou e gritou:

– Esquerda!

E se abraçaram.

Apesar do prazer de Freddie em vê-lo, Jarvis pôde perceber que ele estava distraído. Freddie se afastou do grupo e se aproximou de Jarvis enquanto olhava, atento, para o outro lado do pátio e apontava para um homem encolhido perto da cerca.

– Aquele viado tá fodido – disse. – Vão acabar com ele, é um vacilão. Dedurou [ele falou o nome de um prisioneiro] por mexer com ele. Ele já era.

Freddie viu a expressão de horror dominar o rosto de Jarvis.

– Eles não podem fazer isso – disse Jarvis.

A reação assustou Freddie.

– Por que não, porra?

Jarvis ficou calado por um instante e depois disse:

– É o que os canas querem que eles façam. É o que sempre fizeram com a gente. Obrigam a gente a brigar uns com os outros. Não podemos cair nessa cilada.

Freddie observou enquanto Jarvis atravessava o pátio em direção ao prisioneiro. Ao falar com ele, Jarvis estava colocando a própria vida na reta e Freddie se preparou para se meter na confusão e proteger o amigo. Mas ninguém fez nada. Jarvis voltou e disse que o sujeito *não* tinha dedurado ninguém, que tinham armado para ele.

– Que porra você acha que ele ia dizer? – retrucou Freddie. –

Você acha que ele ia contar que é um dedo-duro? Ninguém quer saber. O filho da puta não vai ficar vivo muito tempo.

Sem uma palavra, Jarvis deixou Freddie e foi até os três homens preparados para atacar o preso. Ele cumprimentou os dois mais velhos, que conhecia, e depois disse:

– Olha só: os canas estão armando pro cara. Eles querem que a gente mate ele.

Os homens ficaram paralisados. Mas Jarvis continuou:

– Eles estão tentando usar a gente pra matar ele. Não é pra cair nessa. Eles estão com raiva dele porque ele é gay. É só um divertimento pra eles. Colocar a gente pra brigar, pra matar.

– Mas que porra é essa? – falou o preso mais novo. – Quem é você, coroa?

– Estou aqui há muito tempo. Você nem tinha nascido quando cheguei. – Ele olhou diretamente nos olhos do garoto. – Escuta. Os canas estão contando que você seja quem sempre foi. Você reage. Sem perguntar. Sem pensar. Sai tiro pra todo lado. Você vai pra solitária. Alguém morreu. Para e pensa.

– Eu penso – respondeu o garoto. – Penso que você é um frouxo.

Houve um tempo em que aquela palavra teria provocado Jarvis e ele teria provado que não era frouxo na mesma hora. O garoto estaria no chão. Jarvis pensou em todas as encrencas em que se metera para provar que não era frouxo. Ali estava um menino tentando bancar o durão. Jarvis sorriu para o garoto.

A essa altura, Freddie havia se juntado ao grupo e Jarvis se virou para ele e os outros homens.

– Vocês sabem que é verdade – disse. – Os canas querem aquele garoto morto, mas não podem matar ele. Vocês querem mesmo trabalhar pra aqueles filhos da puta?

– Ele é uma *bicha*.

– Entenda que é desse jeito que as coisas funcionam aqui: os lobos vão caçar as ovelhas. Aquele vacilão é uma ovelha, e a gente tem que proteger as ovelhas.

Freddie ficou perplexo quando viu a reação dos homens. Eles estavam durões e determinados antes, mas agora pareciam... calmos. Um dos veteranos olhou para o jovem e, referindo-se a Jarvis, disse:

– Você tem que tomar cuidado com esse filho da puta. Ele vai foder com sua mente, o filho da puta budista do corredor da morte.

Os homens mais velhos riram.

Um deles perguntou:

– Ei, Esquerda, você viu o jogo?

O San Francisco Giants estava nas finais. Os homens começaram a falar de beisebol e, por ora, o garoto gay estava a salvo.

– Que porra toda é essa? – perguntou Freddie quando ele e Jarvis ficaram sozinhos outra vez. – Você está com um campo de força em volta de você, porra?

Primeiro ele pensara que Jarvis tinha sido perigosamente imprudente quando se metera num provável esfaqueamento, mas depois percebeu que tinha sido o contrário. A imagem de um campo de força não era totalmente despropositada. Jarvis agora irradiava um tipo de poder – não o poder geralmente respeitado na prisão, que se baseava no medo e no controle, mas alguma outra coisa. Jarvis tinha o poder de fazer as pessoas pararem. Pararem e pensarem.

– Então é isso que é ser budista, é? Paz e essas merdas. Não violência.

Jarvis deu de ombros.

– Só sei que matar leva a mais matança. É como sempre vivemos. – Ele se referia aos bairros onde cresceram. – Só vingança. Você sabe como isso acabou mal. *Ainda* acaba mal. "Você me ofendeu, vou acabar com você." "Você atirou na minha irmã, vou matar a sua mãe." Todos nós já vimos esse filme. "Meu pai está batendo na minha mãe, vou matar o filho da puta." Mas pensar desse jeito é perigoso, porque o que mais isso justifica? "Não vou só matar meu pai, vou matar qualquer um que me impedir de matar meu pai." Onde isso vai parar?

– Então essa é a porra da sua viagem budista – disse Freddie. Ele fechou os olhos, uniu as palmas das mãos como se estivesse rezando e brincou: – Oooomm.

– O budismo ensina que sempre existe outro jeito – respondeu Jarvis rindo.

* * *

Quando estava sozinho em sua cela naquela noite, Jarvis pensou no que tinha acontecido. Confuso e com um pouco de medo, perguntou a si mesmo: *O que você estava pensando?* Ele nunca tinha feito nada tão arriscado assim. Freddie disse que ele poderia ter sido esfaqueado por ter se metido e Jarvis sabia que ele estava certo. Mas, enquanto estava interferindo, nem sequer levara isso em consideração. Suas ações foram automáticas, como se tivesse sido impelido a agir.

* * *

Quando eram adolescentes, Freddie e Jarvis fumavam maconha e cheiravam cola e tinta, mas Freddie logo começou a pegar mais pesado e se tornou dependente de heroína, metanfetamina e outras drogas. Ao longo dos anos em San Quentin, Freddie teve várias overdoses que quase o mataram, mas era um sobrevivente. As overdoses o abalavam e ele sempre ficava limpo e sóbrio por um tempo depois. Freddie estava limpo havia mais ou menos seis meses quando Jarvis o encontrou no pátio e soube que tivera uma recaída. Os olhos dele estavam vidrados, suas pupilas estavam minúsculas e seu corpo tremia.

Jarvis se aproximou e deu um abraço em Freddie.
– O que está pegando, irmão? – perguntou.
Freddie o empurrou, mas Jarvis sussurrou no ouvido dele: "Está tudo bem, cara. Nós vamos sair dessa."
– Dessa o quê? – Freddie explodiu. – Do que você está falando, porra?
Jarvis repetiu:
– A gente vai conseguir. A gente vai ficar limpo.
Freddie recuou, olhando para Jarvis com fúria.
– Que merda é essa de "a gente"?
– Yero, se você não conseguir, a gente não conseguiu. Estamos juntos nessa.
Freddie pensava que Jarvis estava de sacanagem quando começava a falar daquele jeito e ficou com raiva quando sugeriu que meditasse.
– Só experimenta. Você não tem nada a perder.
– Nem fodendo – respondeu Freddie.
Ele então voltou para a própria cela e se drogou mais.
No dia seguinte, Freddie saiu de novo e Jarvis se aproximou dele. Freddie mal conseguia falar. Com a voz arrastada, ele disse:
– Estou cumprindo pena a maior parte da minha vida. Tive duas datas de execução. Quase todo mundo da minha família morreu. Minha irmã está a 2.500 quilômetros de distância. Não recebo visitas; ninguém me escreve. A fissura é forte. Eu sou um viciado. É isso que eu sou.

**

Algumas semanas depois, Freddie começou a receber cartas: uma, duas, uma dezena – pessoas perguntando sobre ele, querendo saber se estava bem, oferecendo ajuda. Freddie não entendia por que aquilo estava acontecendo, até que um dos remetentes disse que conhecia Jarvis e ele percebeu que Jarvis havia pedido que entrassem em contato com ele. Freddie respondeu às cartas e começou a se corresponder regularmente com algumas pessoas.

Jarvis pediu outra vez que Freddie experimentasse a meditação.

– Só tenta, irmão. Por mim. Escuta. Eu odiava toda essa merda budista, essa falação sobre sofrimento, morte, enfrentar suas merdas. Mas o que acontece é que a merda persegue você até você enfrentar ela. A meditação ajuda nisso. É pra isso que serve. Aqui dentro, ela ajuda mais do que qualquer outra coisa.

Ele o instruiu:

– Então você se senta e respira. Inspira pelo nariz. Bem fundo. Enche os pulmões. Sente. Segura um segundo e solta lentamente. Sua mente vai divagar. Quando isso acontecer, você só se concentra na própria respiração de novo.

Quando se encontraram novamente no pátio alguns dias depois, Freddie disse que estava fazendo a meditação, tentando, pelo menos.

– Essa merda de meditação é legal – afirmou.

Alguns dias depois, Jarvis lhe perguntou se ele havia pensado em ficar limpo de novo.

– Penso nisso o tempo todo.

– Vamos tentar?

Freddie revirou os olhos: "nós" de novo; e, naquela noite, ele recebeu um pacote de heroína pela linha.

Uma semana depois, um livreto foi entregue na cela de Freddie. Jarvis havia pedido a Pamela que lhe enviasse uma adaptação budista dos tradicionais 12 passos; Freddie levou o livro para o pátio no dia seguinte e perguntou a Jarvis:

– Que porra é essa?

– Vamos fazer esse negócio – disse Jarvis. – Ver qual é.

Os dois homens se sentaram e leram juntos. Aqueles 12 passos budistas substituíam os preceitos básicos dos Alcoólicos Anônimos, como a impotência diante do vício e a exigência de que a pessoa entregasse a própria vida a um poder superior, por uma série de meditações e contemplações. Jarvis as lia em voz alta e ele e Freddie discutiam. A primeira, chamada *samma-sankappa*, era meditar "com a intenção que é motivada pelo amor, a compaixão e o desejo de transformar nossas vidas". Houve um tempo em que Jarvis não podia se imaginar sentado no pátio. Ele dissera a Melody que era perigoso ficar sentado na prisão. Mas agora não pensava duas vezes antes de se sentar, não se importava que os presos e guardas olhassem e fizessem piadas; e Freddie seguia seu exemplo. Eles ficavam sentados em um banco, não no chão, e Jarvis guiava o amigo:

– Respire. Pense nestas palavras: amor, compaixão. Pense no fato de que você quer mudar sua vida e perceba que pode.

Então Jarvis sugeriu a Freddie que experimentasse meditar sempre que sentisse o desejo de se drogar.

– Vai ser difícil – avisou Jarvis. – Vai ser difícil pra caralho. A sensação vai aparecer, mas haverá uma brecha. – Ele sentiu que estava falando como Pema. – Essa brecha vai dar a você a oportunidade de olhar pro que está acontecendo. Quando faz isso, você interrompe a sensação. Reconheça a sensação. Permita-se sentir enquanto observa. Depois, tente respirar junto com a fissura. Veja se consegue respirar até ela se afastar. Sinta-a indo embora.

Freddie praticou naquela semana e relatou seu progresso a Jarvis.

– Eu não aguentei – disse ele um dia. – Peguei a droga e usei. É difícil demais... a fissura. Não consigo.

O rosto de Freddie tinha um hematoma vermelho arroxeado que ia da testa até a orelha.

– Que porra é essa? – perguntou Jarvis. – O que aconteceu?

Freddie disse que na noite anterior teve certeza de que tinha chegado a hora de ser executado e tentou se matar batendo a cabeça na parede.

– Sinto muito, cara – falou Jarvis. – É difícil. Sinto muito. A gente ainda não acabou. Essa droga deixa você alucinado, paranoico. Acontece. É só um galo, cara. A gente vai dar um jeito. Sem julgamentos. Acontece. É uma pedreira mesmo. Mas a gente já conseguiu e vai conseguir de novo. Você está indo bem, cara, você está indo muito bem.

Jarvis leu o próximo dos 12 passos budistas, *samma-sati*, que envolvia a meditação da atenção plena "para desenvolver a consciência plena de si e dos próprios sentimentos, de pensamentos e pessoas, do ambiente e da realidade".

Ele explicou:

– A fissura vai vir. Como antes, quando você a reconhecer, inspire. Concentre-se no que está acontecendo por dentro e por fora: pensamentos, ansiedade, barulhos, cheiros, frio. A fissura vem de novo. Inspire de novo. Leve a atenção de volta ao que está dentro e fora. Apenas faça o melhor que puder.

Uma semana depois, Freddie disse a ele que estava decidido, iria ficar limpo. Mesmo. Dessa vez para valer. Não havia desintoxicação suave e com ajuda de medicamentos na prisão. Tinha que ser na marra, o que significava que não havia como evitar o inferno da abstinência, mas ele já tinha passado por tudo isso antes. Naquela noite, Freddie se preparou. Como Jarvis sugeriu, ele se sentou em meditação. A fissura veio e ele desmoronou. Febril e tremendo, enrolou-se no chão. Pensou em Jarvis e se endireitou, sentando-se com as costas eretas, e respirou. Começou a convulsionar. Chorou. Quando os tremores diminuíram, meditou de novo, apenas alguns minutos, mas aquilo o acalmou.

Ele ficou assim por 30 horas. Depois ficou na cela por mais dois dias antes de voltar ao pátio. Quando encontrou Jarvis, deu um abraço apertado no amigo.

– A gente conseguiu – disse ele com um sorriso enorme.

Na comemoração de seis meses da sobriedade de Freddie, Jarvis deu-lhe de presente chocolates que Pamela havia mandado em uma cesta.

– Estou orgulhoso de você, meu irmão.

Os dois homens comeram Snickers tomando sol.

A essa altura, Jarvis havia aprendido que no caminho budista há progressos e retrocessos, e que retrocesso pode ser progresso e vice-versa. Como Pema falou para ele: "Não é como se aprendêssemos algo no budismo, fizéssemos uma prova e passássemos para o próximo estado do ser." Podemos retroceder devido ao processo interior de transformação e despertar; podemos compreender uma ideia profunda e depois perdê-la. E, às vezes, acontece de a vida atrapalhar nossa prática.

Vários meses depois da comemoração com Freddie, uma dupla de guardas foi à cela de Jarvis e disse que ele estava sendo transferido.

– Por que isso? – perguntou Jarvis.

A nova cela fedia. Jarvis olhou em volta e viu por quê: haviam esfregado merda nas paredes e havia poças de mijo no piso. Ele olhou para o guarda.

– Nem fodendo. Você só pode estar de brincadeira.

Quando chegou pela primeira vez a San Quentin, Jarvis foi colocado em uma cela imunda. Havia baratas, as paredes e o chão estavam sujos e o cheiro era de urina. Jarvis enfiou papel higiênico nas rachaduras das paredes para impedir a entrada das baratas e passou a noite e o dia seguinte limpando a cela até que ficasse impecável. Por pior que tivesse sido isso, aquela cela era ainda pior.

No passado, Jarvis teria, no mínimo, xingado o guarda. Se pudesse colocar as mãos nele, o teria agredido. Mas ele se impediu de reagir. Em vez disso, fez algumas respirações profundas.

Pensou: *Que porra está acontecendo?* Então começou a entender que estava sendo maltratado. Era 8 de junho, aniversário do assassinato de Burchfield. Embora, a essa altura, muitos guardas acreditassem que ele era inocente e fossem gentis – brincando com ele, compartilhando histórias e até fotografias dos filhos –, alguns veteranos ainda estavam convencidos de que ele estava envolvido no assassinato do colega deles.

Os guardas haviam deixado um frasco de desinfetante e alguns trapos velhos. Jarvis amarrou uma camisa em volta da boca e do nariz para bloquear o cheiro e começou a trabalhar. Enquanto esfregava as paredes, o chão, o sanitário – tudo –, ele pensou que, depois de todos aqueles anos, pessoas como aqueles guardas ainda acreditavam que ele era um assassino. A raiva se transformou em tristeza. Lembrou-se do julgamento e viu a família Burchfield sentada no tribunal. Lembrou-se de quanto quisera oferecer suas condolências, mas sabia que a última coisa que aquelas pessoas queriam era ouvi-lo. Também pensou no fato de que os familiares de Burchfield não foram os únicos afetados. Todos os agentes penitenciários também sofreram, assim como os familiares deles. Além do luto pelo colega, deviam ter ficado alarmados pelo lembrete tão contundente de quão arriscado era o emprego que tinham. Qualquer um deles poderia ser a próxima vítima de um prisioneiro. Enquanto Jarvis limpava, pensou em toda a dor e no medo causados por aquele único ato violento. Quando a cela ficou impecável, ele se sentou em meditação por uma hora e depois dormiu.

* * *

Alguns dias depois, Jarvis saiu outra vez para o pátio e viu Freddie com uma aparência boa. Os olhos estavam vivos e o sorriso era radiante. Quando perguntou como ele estava, o velho amigo relatou que estava ótimo, sóbrio.

– Praticando aqueles passos. Meditando de manhã. Fazendo toda essa merda. Como você disse.

Freddie perguntou por onde Jarvis tinha andado, e ele contou o que havia acontecido: tinha sido transferido para aquela cela nojenta. Freddie sabia que Jarvis pagara um preço muito alto ao longo dos anos por ser o único no corredor da morte vivendo na cena do crime pelo qual tinha sido condenado. Ele disse:

– Aqueles filhos da puta.

E reclamou da injustiça, do ambiente doentio de San Quentin, dos malditos imbecis que controlavam todos os aspectos da vida deles.

No meio do discurso, Freddie notou a expressão de Jarvis. Não era a raiva justificada que esperava ver. Os olhos do amigo estavam iluminados como se ele tivesse encontrado ouro. Jarvis apontou para o chão, se inclinou e pegou uma folha.

Levantou-a para Freddie ver e disse:

– Olha isso, cara, olha que lindo.

Banhada pela luz do sol, a folha parecia brilhar.

Freddie ficou admirado: *Jarvis dá uma importância enorme às menores coisas e enxerga as maiores coisas como se não fossem nada.*

13 – GUERREIRO

Jarvis tinha progredido muito ao longo de suas quase três décadas em San Quentin. Quando chegou à prisão, com 19 anos, era um bandido: era essa a palavra que ele usava para se descrever.

Pema não o conheceu durante os anos de "bandidagem", mas tinha visto mudanças notáveis nele desde que se conheceram. Ela reconhecia que, num lugar onde a própria sobrevivência era um desafio, encontrar maneiras de ajudar os outros era um verdadeiro milagre. De fato, ela descrevia Jarvis como alguém que operava milagres. Um dia ela lhe falou sobre o conceito de bodhisattva evocando a poderosa imagem de um "guerreiro bodhisattva".

Um guerreiro? Jarvis se lembrou de quando pensava em si mesmo como um guerreiro: um guerreiro na revolução da BGF. Mas o que era um guerreiro bodhisattva? Ele pediu a ela que explicasse. Em essência, Pema disse, é alguém que "se conecta completamente" com o sofrimento humano e tenta ajudar as pessoas. E falou que era extraordinário que ele tivesse encontrado maneiras de ajudar as pessoas na prisão, especialmente no corredor da morte.

Então ela perguntou se Jarvis se sentia pronto para fazer os votos que confirmavam seu progresso como um guerreiro pelo budismo. Ela explicou a diferença entre esses votos e os que ele fizera na cerimônia com Chagdud Tulku Rinpoche, quando se tornara budista.

– Você assumiu um compromisso profundo e puro de buscar o caminho do despertar – descreveu Pema. – Os votos que fez na época foram um compromisso com a prática budista: nos refugiamos no Buda como um modelo de pessoa muito corajosa. Num nível mais profundo, significa que, quando as coisas ficam difíceis, nos refugiamos em nossa própria natureza de Buda, nosso bom coração e nossa mente aberta. Ficamos presentes. Praticamos.

Ela continuou:

– Os votos de bodhisattva são o próximo estágio, uma extensão natural do compromisso inicial com o budismo. Reconhecer o sofrimento, viver plenamente nele, desprotegidos, nos obriga a evitá-lo ou reduzi-lo quando podemos. Quando nos propomos a apoiar outros seres, quando progredimos a ponto de nos colocarmos no lugar deles, quando aspiramos a manter um coração aberto mesmo quando queremos fechá-lo, isso é ser um guerreiro no budismo. É basicamente ajudar: ajudar mesmo quando nos encontramos em águas turbulentas que, em geral, fazem as pessoas fugirem. E que águas turbulentas você enfrenta! Olhe para o lugar onde você vive!

Pema perguntou a Jarvis se ele se lembrava de quando disse que não se achava capaz de cumprir esses votos na prisão.

– Você achava que não conseguiria, mas encontrou muitas maneiras de ajudar. Você ajudou pessoas que leram seu livro, escreveram para você e pediram orientação. Você tem ajudado prisioneiros e guardas. Todas essas são ações de um guerreiro budista.

Como Jarvis ainda parecia ter dúvidas sobre a própria capacidade de ser um guerreiro do budismo, Pema listou exemplos de atitudes que ele tomara e que mostravam a ela que ele *era* um guerreiro. Ela relembrou a intervenção de Jarvis quando guardas poderiam ter sido feridos ou mortos e ele convenceu os presos a inundarem o andar em vez de os atacarem; ele contara essa história em *Encontrando a liberdade*. O benefício dessa ação foi além do óbvio: ele havia evitado a violência e potencialmente salvado vidas. E também poupou os presos das possíveis repercussões da violência que planejaram: ser espancados, atingidos por balas de borracha, jogados na solitária.

Ela o lembrou também da ocasião mais recente, e mais perigosa, em que intercedera em nome do jovem detento gay acusado de delação. Como Freddie dissera, aquela intervenção provavelmente salvara a vida do garoto e poderia ter matado Jarvis.

Pema invocou a primeira parábola budista que ele ouvira, sobre o Buda que dera sua vida para salvar a mãe tigresa e seus filhotes. Na época, ele rira com sarcasmo, mas desde então havia se tornado a mãe tigresa. Depois Pema disse que nunca tinha ouvido ninguém expressar as ações de um bodhisattva melhor do que no dia em que ele disse aos homens no pátio: "Os lobos vão caçar as ovelhas. E a gente tem que proteger as ovelhas."

Jarvis protestou:

– Não sei de onde veio isso.

– Veio de você – disse Pema. – Você estava conectado com seu verdadeiro eu, a pessoa que sempre foi, mas que se perdeu dentro de você. Seu coração se abriu e você está descobrindo sua natureza de buda, sua verdadeira natureza.

※ ※ ※

Dois meses depois, Pema retornou à área da baía e a San Quentin, onde caminhou até o salão de visitas do Bloco Leste, que normalmente ficava reservado às visitas de advogados. O salão continha duas fileiras de gaiolas. As que ficavam junto à parede externa de tijolos tinham janelas através das quais se podia vislumbrar a baía. Pema e Jarvis estavam trancados em uma pequena gaiola na fileira paralela, onde a vista era de uma fileira de máquinas de venda automática com imagens de cachoeiras iluminadas ao fundo. A gaiola deles tinha 1,20 metro por 1,5 metro, mais ou menos, cercada por grades cobertas por placas de acrílico.

Quando Chagdud Tulku conduziu sua cerimônia de iniciação, Jarvis estava no CC e, por isso, o ritual foi realizado atrás do acrílico e modificado para uma visita sem contato. Agora Jarvis e sua professora podiam ficar juntos no mesmo espaço. Eles se abraçaram e se sentaram em cadeiras plásticas, uma de frente para a outra, diante de uma mesinha. Pema estava usando sua túnica habitual, e Jarvis, seu uniforme prisional de brim e um *mala* no pulso com contas polidas – mais um dos presentes de Pamela.

Como Chagdud Tulku havia feito, Pema pediu a Jarvis que repetisse orações. Depois ela deu a ele seu nome budista – Sopa Jigme, que significa "paciência destemida".

Jarvis riu.

– Paciência? Você só pode estar brincando.

– Bom, você só está na prisão há trinta anos.

– Tudo bem, acho. Mas *não sou* destemido. Você sabe disso.

– Ah, Jigme – atalhou ela –, você é tão destemido quanto qualquer um que eu conheça. De qualquer forma, esse nome indica o que você precisa trabalhar para despertar ainda mais, para despertar completamente. É o que você está descobrindo à medida que avança rumo à iluminação.

Quando Pema usou aquela palavra, Jarvis admitiu que sempre lhe causou certa confusão. Ele observou que alguns budistas e escrituras falavam sobre o caminho da iluminação "como se fosse o destino em um mapa em que a estrada vai para o topo de uma montanha, acima das nuvens".

– Isso parece contradizer tudo que estou aprendendo sobre o budismo. Você deve estar em meio ao sofrimento, bem no pântano nojento, feio e imundo, e não virar as costas a ele.

– Isso não é iluminação – explicou Pema. – Pelo menos não da maneira como a vejo. Sim, a iluminação é frequentemente ensinada como o topo da montanha, mas e quanto a todo o sofrimento que você deixou para trás lá embaixo? A iluminação é mais como um triângulo. Você sobe por um lado e alcança o topo. Mas o triângulo não continua subindo, depois ele desce. Desce e desce direto para a dor e a alegria vivenciadas pela humanidade. É aí que você encontra a compaixão, e é aí que reside a iluminação.

Ela viu que Jarvis ainda parecia confuso.

– Digamos que você alcance o topo da montanha. Você ainda tem seu irmão alcoólatra e sua mãe esquizofrênica lá embaixo. E eles? Ainda tem pessoas pedindo comida na rua. E elas? Você apenas as deixa para trás? Isso é iluminação? Não. O caminho continua descendo e descendo até o sofrimento delas e o de todas as pessoas. Você as abraça. Você se junta a elas. Compaixão não é olhar de cima alguém que esteja numa situação pior do que você e ajudar a pobre pessoa. Trata-se de uma relação entre iguais. Você entende o sofrimento do outro. Você se coloca inteiramente no lugar dele. A compaixão vem de abrandar nossos corações, nos abrindo para a nossa dor e a do outro. Para mim, isso é iluminação.

A cerimônia continuou com Pema apresentando uma forma de meditação chamada *tonglen*, praticada por bodhisattvas.

– Ela pode orientar sua prática de bodhisattva.

Ela explicou que *tonglen* é respirar na dor de outra pessoa e, em seguida, expirar o que pode beneficiá-la, confortando-a ou ajudando-a. Então expiramos a energia de cura através do ar que compartilhamos com ela.

– Normalmente, o que se diz é para você se livrar da dor, *expirar* a dor. Nessa meditação, *absorvemos* a dor dos outros. É a prática essencial de um bodhisattva.

Ela deu exemplos:

– *Tonglen* pode ser feita para aquelas pessoas que estão doentes ou morrendo, aquelas que têm qualquer tipo de sofrimento. Em geral, desviamos o olhar quando vemos alguém sofrendo. A dor dessas pessoas traz à tona medo, raiva e confusão. Mas, quando inspiramos o sofrimento delas, ele se mistura ao nosso. Ele se conecta com o sofrimento de todos. Depois expiramos o que vai ajudá-las. O remédio vai do nosso corpo para o delas e para todo mundo através do ar que todos respiramos.

Em seguida, ela ensinou a Jarvis os quatro estágios da prática *tonglen*:

– Descanse sua mente por um ou dois segundos em um estado de abertura ou quietude. Depois comece a visualização. Inspire sentimentos de calor, peso e claustrofobia, e expire sentimentos de frescor, brilho e luz. Inspire completamente, absorvendo a energia negativa através de todos os poros do seu corpo. Ao expirar, irradie energia positiva por todos os poros do seu corpo. Faça isso até que sua visualização esteja sincronizada com suas inspirações e expirações. A etapa seguinte é focar em uma situação dolorosa. Se você está fazendo *tonglen* por alguém que ama, estenda a meditação a todos aqueles que estão na mesma situação. Você pode fazer *tonglen* para pessoas que lhe são próximas e para as que considera inimigas. Faça essa prática para elas, imaginando que experimentam a mesma confusão da pessoa que é sua amiga. Respire a dor delas e depois envie alívio a elas. À medida que praticar, aos poucos, no seu próprio ritmo, você ficará surpreso ao se descobrir cada vez mais capaz de estar disponível para os outros.

À medida que a cerimônia avançava, Jarvis sentia uma transformação surpreendente dentro da gaiola. Ele tinha ouvido falar de transmissão, que entendia como uma espécie de comunicação sem palavras entre professor e aluno; Jarvis imaginava algo como a "fusão mental" do seriado *Jornada nas estrelas*. No início, considerava isso uma crendice budista, além de impossível, é claro, mas conforme Pema prosseguia, ele sentia as palavras tanto quanto as ouvia. Ele pensou: *É como estar ligado à Matrix, como no filme, mas estou ligado à mente de Pema.*

Pema falou sobre o foco fundamental do budismo: sempre se resume a lidar com o sofrimento da humanidade. Talvez ela tenha continuado a falar, ou se calado, não importava. Em um tipo de transe – era isso a tal fusão mental? – ele retornou a um passado remoto, mais de uma década antes, ao momento em que estava meditando e viu uma pessoa, também meditando, em chamas. Jarvis tinha reconhecido o homem como ele mesmo. Naquele momento ele entrou no corpo em chamas e experimentou a sensação de subir ao céu e, posteriormente, do espaço, viu bilhões de fogueiras na Terra, cada uma delas um ser humano com dor.

Ele contou a Pema sobre a experiência e, guiado por ela, teve a visão novamente, mas havia algo mais dessa vez. Ele se viu alcançando uma das fogueiras, agarrando o pulso de um homem em chamas e o puxando para fora das chamas. Levantou outro homem das chamas e depois outro. Na visão, ele tinha um bilhão de braços que alcançavam um bilhão de fogueiras, cada um segurando a mão de alguém que sofria e a puxando para cima. Naquele momento ele percebeu que entrara numa história, mas esta não tinha a ver apenas com sofrimento; era a descoberta, surpreendente, de que sua dor se fundira com sua alegria. Ele respirou e se voltou ao próprio corpo. Mais uma vez Jarvis chorou, como na primeira vez que tivera essa visão, mas aquelas lágrimas eram diferentes de todas as anteriores. Por estranho que parecesse, eram lágrimas de dor *e* alegria, as duas coisas ao mesmo tempo. Foi uma revelação surpreendente que o fez sentir um calafrio: as pessoas podem sentir simultaneamente a tristeza do mundo e a alegria do mundo. Ele pensou: *É isso que querem dizer quando falam em Nirvana? É isso a iluminação?*

Jarvis tomou consciência da gaiola outra vez e de estar de mãos dadas com Pema por cima da mesa que havia entre eles. Parecia que ela chorara as mesmas lágrimas que ele. Então Pema assentiu com um movimento de cabeça e começou a meditar. E Jarvis se juntou a ela: professora e aluno – e, no caso deles, dois amigos.

Um guarda bateu na gaiola encerrando a visita.

* * *

Jarvis permaneceu num estado de sonho, quase eufórico, por vários dias depois da cerimônia. Ele escolheu se recolher, meditar e ler uma biografia de Abraham Lincoln. E escreveu.

Escrever ainda era difícil às vezes; ele lutava com as palavras e para colocar ideias complexas no papel. Mas, quando encontrava um caminho, a sensação era extraordinária – uma explosão criativa fluindo de sua mente e passando através de seus dedos até a página.

Certa vez, tarde da noite, Jarvis começou um novo relato. Ele estava se esforçando para dar sentido a uma experiência que tivera com um preso que estava numa cela do andar havia uns seis meses, mais ou menos. Conhecia o homem como Bork.* Eles conversavam e jogavam xadrez.

De modo geral, os homens no corredor da morte não perguntavam uns aos outros sobre seus crimes – era melhor não saber –,

---

*   "Bork" é um pseudônimo.

mas naquela semana Jarvis ouviu uns homens falando sobre Bork. Um deles disse que o sujeito estava no corredor da morte por ter estuprado e matado crianças. Jarvis ficou indignado. Ele vinha jogando xadrez com um assassino de crianças! Mesmo entre os assassinos do corredor da morte, os condenados reservavam uma hostilidade especial para os que tivessem machucado uma criança. Ao longo dos anos, alguns até foram mortos. Jarvis sentiu náusea, nojo, fúria e ódio tão intensos que o consumiram.

Jarvis imaginou as vítimas de Bork – as visões eram insuportavelmente vívidas – e os pais e mães delas, arrasados, a dor deles. Ele tentou acalmar sua fúria com a meditação *tonglen*, mas não funcionou. Na verdade, as imagens só se tornaram ainda mais nítidas. Assim como sua raiva.

Em seu relato, Jarvis expressou sua repulsa e suas tentativas fracassadas de fazer as pazes com o fato de que estava no mesmo andar que um assassino de crianças. "O som da voz de Bork era como um chute que me atirava ainda mais fundo no mar imundo da minha própria dor, onde eu corria o risco de me afogar em ódio." Ele disse que se sentia como se estivesse vivendo a poucas celas de distância de Satanás. Evocou Tara Vermelha, sua protetora, mas nem mesmo ela o ajudou a compreender "a doença tão profunda e absoluta que poderia fazer com que um ser humano como Bork fosse um predador de crianças". Ele escreveu: "Era como se eu estivesse passando por quimioterapia espiritual, ligado a um tubo intravenoso que pingava uma substância venenosa em minhas veias."

Jarvis descreveu que lutou contra o fato de que ele, supostamente um bodhisattva, queria chutar os dentes de alguém, um desejo que o envergonhava. Então relatou o que aconteceu em seguida: "À medida que eu inspirava e expirava lentamente, absorvido em minha raiva em relação a Bork, vi todas as coisas que não queria ver. Na tela diante dos meus olhos fechados, vi minha raiva. Vi a crueldade de minha própria dor... Eu era repugnante, perturbado, prejudicial para mim mesmo. A estrutura do meu rosto tinha se transformado. Todas as linhas finas de expressão do meu rosto pareciam permanentes. E os músculos do meu maxilar estavam tensos como punhos cerrados."

Então "um sentimento maior irrompeu quando me conectei a todos os seres humanos que sofrem em todo o mundo". Jarvis se perguntou: "Por que não vi Bork como parte disso? Por que não me vi como parte disso? [Quando vi], senti uma clareza mental que me ergueu acima das nuvens que eu mesmo havia criado."

* * *

Susan Moon, editora do *Turning Wheel*, sugeriu que Jarvis reunisse seus escritos recentes e os publicasse num segundo livro. Ela o ajudou a reescrevê-los e editá-los; Pema e Pamela leram os rascunhos e ofereceram sugestões; e Rick Targow revisou os textos para ter certeza de que não havia nada neles que pudesse comprometer a apelação. Quando o livro estava quase pronto, Susan fez uma visita e Jarvis perguntou a um guarda se poderia entregar a ela um envelope volumoso. Dentro havia um buquê que ele fizera com as dezenas de cargas de caneta que tinha esvaziado ao longo do ano anterior.

Quando o livro, intitulado *That Bird Has My Wings* (*Aquele pássaro tem minhas asas*), ficou pronto, ele enviou as primeiras cópias para o bispo Desmond Tutu, a irmã Helen Prejean e outros, que escreveram chamadas. (Eu escrevi uma depois de ler um manuscrito enviado por Pamela.) O livro foi publicado em setembro de 2009. A *Publishers Weekly* o descreveu como uma "representação franca e sincera" da vida de Masters.

Jarvis foi incentivado pela publicação do segundo livro e, mais uma vez, encorajado pela recepção do público. Como aconteceu depois de *Encontrando a liberdade*, chegaram inúmeras cartas de pessoas comovidas por seus relatos, e em muitas delas as pessoas compartilharam as próprias histórias, incluindo lembretes perturbadores das infinitas fontes de sofrimento, da mágoa ao abuso, da solidão à doença.

Novamente Jarvis respondeu às cartas com gratidão, compaixão e, às vezes, conselhos. Em uma carta que se estendia por 14 páginas, uma mulher escreveu que a vida de Jarvis a fazia se lembrar da própria vida, mesmo tendo crescido em um ambiente de relativo privilégio. "Fui abandonada e maltratada, como você", disse ela. Mais adiante, na carta, ela revelou que sofria maus-tratos do marido. "Ele me ama e eu o amo", escreveu. "Ele não consegue evitar. Minha mãe não entende. Ela quer que eu o deixe. Não posso. Ele precisa de mim." Jarvis respondeu: "As pessoas que apanham acham que merecem. Eu achava. Mas não merecemos. Violência não é amor. Não fique com quem não trata você com o amor e o respeito que você merece." Meses depois a mulher lhe escreveu outra vez. Ela seguira seu conselho e, pela primeira vez na vida, se sentia "livre".

✳ ✳ ✳

No início de julho, após uma visita a Jarvis, Pema deixou São Francisco e viajou para o leste até a Abadia de Gampo, o mosteiro à beira do penhasco na Nova Escócia. Pouco depois, Jarvis recebeu uma carta do Canadá na qual Pema perguntava se ele queria meditar com ela na noite de lua cheia. "Meia-noite, no seu horário, é 4 da manhã na Nova Escócia", ela escreveu. "Estarei em retiro no pequeno chalé. O que você acha?"

Ele respondeu: "Conte comigo. Estarei lá."

À meia-noite do dia marcado, Jarvis se sentou no chão e repetiu um mantra purificador que Pema lhe havia ensinado. Jarvis a imaginou sentada na mesma postura na outra ponta do continente; ela havia enviado a ele alguns cartões-postais com fotos da abadia, que ficava no alto de um penhasco desolado com vista para a afastada e apropriadamente chamada Pleasant Bay. Ele inspirou e começou a meditar. Sentiu a presença dela; era como uma fusão mental de longa distância.

Depois de alguns minutos sentado, satisfeito, ele sentiu um nó de ansiedade no estômago que começou a crescer. E teve uma visão: Pema estava olhando para ele, horrorizada. Jarvis começou a entrar em pânico e interrompeu a meditação abruptamente. Estava respirando com dificuldade e se sentindo zonzo, como se fosse desmaiar. Respirou então mais fundo para se estabilizar. Estava perplexo. O que tinha acontecido? Afinal de contas, ele estava com Pema, a mãe dele.

A mãe dele.

A palavra pairava em sua mente. A mãe dele. Percebeu o que tinha dado errado. Ele *estava* ligado a Pema. Se ela se sentia tão conectada a ele como ele se sentia em relação a ela, ela podia enxergar dentro dele, e foi por isso que ele entrou em pânico. Ele queria tanto ser digno do amor de Pema. Do amor da mãe. Queria ser um bom filho. Mas *não era* bom. Ele não queria que ela enxergasse dentro dele porque ela veria a verdade.

※ ※ ※

Pema passava meses em retiro solitário quando estava na Nova Escócia. Embora ficasse isolada em seu chalé, a equipe da Abadia de Gampo sabia que deveria interrompê-la quando Jarvis ligasse, o que ele fez na manhã seguinte.

– Jarvis! – Ela estava feliz por ouvir a voz dele. – Bom dia! Então, o que você achou?

Jarvis parecia angustiado.

– Não sei se você sentiu, mas eu estava sentindo você lá comigo e foi maravilhoso, Mama, mas então alguma coisa mudou.

Ela perguntou:

– O que mudou?

– Fiquei envergonhado, como se você estivesse vendo os horrores que cometi no passado. Eu estava vendo o mal que fiz se espalhando como uma doença. Algumas coisas muito feias e sórdidas.

– Jarvis, você disse que vi "os horrores" que você cometeu. O que acha que aconteceria se eu visse?

Um nó subiu à sua garganta quando ele se deu conta da resposta: se visse quem ele era de verdade, ela o abandonaria. Como Cynthia abandonara.

Pema não esperou que ele respondesse.

– Jarvis –, disse ela –, talvez você sinta que não merece ser cuidado e amado. Nos últimos anos você fez imensos progressos, perdoando os outros, mas e a *você*? Você acha que é capaz de perdoar *a si mesmo*?

14 – COMPAIXÃO

Quando tinha 12 anos e estava encarcerado em uma detenção juvenil em que era queimado com cigarros, obrigado a brigar com outros meninos e brutalmente espancado, a equipe forçava Jarvis e outros jovens sob tutela estatal a participarem de "festas do cobertor". No meio da noite, cercavam um dos colegas que estava dormindo e batiam nele com manguais feitos de barras de sabão colocadas dentro de fronhas. O garoto acordava gritando. As armas supostamente não deveriam deixar marcas, mas deixavam. Deixavam grandes hematomas e vergões. E, uma vez, um garoto de quem Jarvis gostava chegou a desmaiar.

Nas semanas posteriores à conversa telefônica com Pema, quando Jarvis meditou na pergunta dela – poderia perdoar a si mesmo? –, percebeu que, antes de poder sequer considerar essa ideia, precisava compreender por quais ações tinha que se perdoar. Nesse processo, lembranças vergonhosas, como a das festas do cobertor, vinham à tona. Jarvis contou a Pema sobre elas e disse que as lembranças o deixavam furioso, com medo e culpado. Ele compreendia a raiva – lembrava que tinha vontade de se voltar contra os conselheiros e bater *neles* – e o pavor, mas por que a culpa?

Pema respondeu:

– Não foi culpa sua, mas, como era uma criança sensível, é claro que você se sentia mal por machucar aqueles garotos.

– Mas não é por isso que me sinto culpado. Não é esse o motivo principal, pelo menos. Eu me sinto culpado porque durante todo o tempo que estava dando uma surra naqueles garotos – ele sentiu um aperto no estômago –, eu ficava aliviado por serem eles apanhando, e não eu.

Eles ficaram calados por um tempo, ponderando aquelas palavras. Então Pema falou. Primeiro ela assegurou que aquela reação também era normal. Qualquer um, especialmente uma criança, ficaria feliz em escapar da violência.

– Mas talvez – acrescentou – você estivesse pronto para assumir essa culpa porque já se sentia uma pessoa má.

Por que uma criança se sentiria assim? Pema lembrou a ele que todas as crianças são predispostas a tomar como verdade quaisquer circunstâncias com que se deparam, elas não conhecem nada diferente. Para crianças que foram brutalizadas, essa "verdade" incluía a crença de que elas mereciam os castigos que recebiam. Quando uma criança se pergunta *Por que apanhei? Por que eles me deixaram?*, ela mesma responde: *Porque sou má. É o que eu mereço.*

– As crianças que crescem acreditando que são más muitas vezes cometem ações que confirmam o que ensinaram a elas sobre si mesmas.

– Mesmo que saibam não ser verdade?

Pema respondeu que sim. As feridas da infância são profundas. Os danos psicológicos podem anular nossos melhores instintos, pelo menos até enfrentarmos essas feridas.

Jarvis não estava pronto para dar a si mesmo uma colher de chá.

– Mas para muitos dos condenados aqui ninguém ensinou o que era certo e errado – disse. – Para mim, sim. Eles não tiveram escolha, mas eu tive. Eu fui ensinado quando era pequeno.

Mamie e Dennis me ensinaram a ser gentil, a pensar nos outros, a Regra de Ouro.

Jarvis explicou que o tempo que passara com os Procks lhe ensinara a ter empatia. Uma vez, descreveu Mamie como sua primeira professora budista. No entanto, ele deliberadamente ignorou aquelas lições. Lembrou-se do ano que passou assaltando lojas de bebidas, mercearias e restaurantes de fast-food. Fez um acordo com um garoto que trabalhava num posto de gasolina. Segurando uma arma que tinha tirado do arsenal de um tio, ele roubava o lugar e o garoto chamava a polícia, mas o identificava equivocadamente. Foi lucrativo até Jarvis pegar o cúmplice roubando dinheiro dos assaltos. Ele queria assustar o garoto, então apontou a arma para a cabeça dele e ameaçou matá-lo. O garoto se pôs de joelhos e implorou pela própria vida. Jarvis o deixou ir, mas não sem antes ver o terror abjeto nos olhos dele. Aqueles olhos ainda o assombravam.

Também era assombrado pela noite em que ele e um amigo cheiraram gasolina, fumaram maconha e, empunhando espingardas que Jarvis "pegara emprestadas" de outro tio, entraram em um mercado por portas diferentes. O amigo atirou para o alto e choveram pedaços de reboco e poeira. Os clientes gritaram, mães e pais agarraram as crianças e se jogaram no chão. Muitos choraram. Jarvis também tinha afastado as lembranças dos rostos daquelas pessoas. Ele as aterrorizou. Ele as traumatizou.

– Eu sabia muito bem que era errado. Sabia quando cometi esses crimes. A questão é... o corredor da morte está cheio de pessoas que nunca tiveram a chance de seguir outro caminho na vida, mas eu tive. Eu *poderia* ter ido por outro caminho, me ensinaram a diferença entre certo e errado. E tem mais uma coisa. Tive oportunidades que muitos desses caras nunca tiveram, mas não aproveitei.

– Que oportunidades?

Jarvis contou a ela sobre a época de sua adolescência que passara entre detenções. Para relaxar, às vezes roubava um carro e saía para passear. Uma vez, furtou um Monte Carlo, dirigiu para o norte pela via expressa, para Wilshire, e estacionou perto da UCLA. Caminhou pelo campus e se sentou num banco, observando estudantes e professores. Eram diferentes das pessoas que ele conhecia. A maioria era branca, mas essa não era a diferença crucial. Aquelas pessoas pareciam estar se dirigindo a algum lugar; elas tinham um propósito.

Jarvis seguiu um grupo até uma sala de aula e se sentou no fundo enquanto o professor falava. Sentado lá, ouviu uma voz em sua cabeça dizendo a ele para estudar, para buscar uma vida diferente. Ele também poderia ir para a faculdade. Ele poderia ser um daqueles estudantes.

Voltou ao campus algumas vezes e assistiu a outras aulas. Até carregava um livro falso que fizera com uma lista telefônica para que ninguém percebesse que era um impostor. Mas *ele* sabia que era um impostor.

– Eu sabia a verdade. Eu não era um daqueles garotos. A faculdade não era para mim. Eu me senti idiota, *envergonhado*, por sequer pensar nisso.

Ele respirou fundo e continuou:

– Mas, quando fiquei mais velho, tive uma chance de ir pra faculdade. Tive sim. Cheguei bem perto. Poderia ter tido uma vida completamente diferente.

Jarvis nunca tinha contado a Pema sobre a oportunidade que tivera de ir para a faculdade. Depois de sair do sistema de justiça juvenil, ele foi colocado sob tutela da Autoridade Juvenil do estado. Desde seus 16 anos, os juízes o enviaram para uma série de instituições. Uma delas foi a O. H. Close, em Stockton. Em seu primeiro dia lá, ele se meteu numa briga e os conselheiros o pegaram para levá-lo a uma ala de isolamento onde espancamentos e a solitária o aguardavam. Mas, no caminho, outro conselheiro – Jarvis se lembrava dele claramente, Hershey Johnson – o parou, levou-o para outra sala, colocou-o diante de uma TV e a ligou num canal de desenhos animados. Ele se sentou a uma mesa para preencher uma papelada e deixou Jarvis assistindo a *Tom e Jerry*, *Os Flintstones* e *Os Jetsons*. Jarvis se esqueceu de onde estava e começou a rir, mas então ergueu os olhos e viu que Hershey o observava. Ele se sentiu flagrado.

– Ele me flagrou sendo quem eu era, uma criança fingindo ser um homem. Eu vivia falando palavrão e brigando, empurrando e roubando pessoas, mas esse não era eu. Eu não era uma pessoa cruel. Estava fingindo ser. Não era violento, mas estava agindo como se fosse. Hershey se aproximou e disse: "Jarvis, você não tem que ser o que todo mundo está dizendo que você tem que ser."

Aquelas palavras ficaram para sempre com Jarvis. Ele parou de se meter em encrenca e, pela primeira vez em qualquer instituição, participou avidamente dos programas, da terapia em grupo e das aulas. Alguns meses depois, Hershey disse a Jarvis que ele só precisava de mais algumas aulas para se formar no ensino médio. Jarvis não entendeu como isso era possível. Ele tinha sido expulso de duas escolas e quase não frequentara mais aulas desde então, mas as instituições eram obrigadas pelo Estado a cuidar do progresso escolar das crianças internas. Nenhuma delas fez isso, mas todas lhe deram créditos por matérias que nunca cursara. Ele pensou: *Por que não?* Então fez mais alguns cursos – fotografia, teatro, escrita – e recebeu um diploma com um selo dourado em relevo.

Em 1979, aos 17 anos, Jarvis tinha um diploma do ensino médio, sem registro de infrações, e um relatório de saída da Autoridade Juvenil em que um conselheiro havia escrito que ele estava qualificado para se tornar aprendiz de uma empresa de energia solar ou frequentar a faculdade.

– Eu me lembro de Hershey dizendo "Você é inteligente pra caramba e talentoso", e me encorajando a ir.

– E depois? – perguntou Pema. – O que aconteceu?

Após a formatura, Jarvis se mudou para um lar social fundado por um jogador de basquete aposentado para ajudar jovens a saírem do sistema penal juvenil. Ele tinha uma namorada e estava pensando em começar a faculdade no outono. Nesse meio-tempo, trabalhava como ajudante de garçom.

Então, numa tarde de domingo, o telefone da casa tocou. Era a mãe dele ligando de Harbor City. Ela havia sido internada em um hospital, mas tinha saído, estava sóbria e o queria em casa. E falou que as irmãs dele também tinham saído dos lares temporários e estavam em casa: a família estava reunida, só faltava ele. Cynthia disse: "Vem pra cá agora."

– Hershey me alertou para não ir para Los Angeles. E eu também sabia que seria um erro voltar. Mas isso não me impediu. Assim que cheguei em casa, saí e roubei um posto de gasolina. Policiais me pegaram e o juiz me mandou de volta ao norte, para outra instituição, mas pulei a cerca com um amigo, voltei para Los Angeles e comecei a roubar tudo que via pela frente. Fui preso e essa foi a última vez que estive em liberdade. Faz uma vida.

Ele continuou:

– Veja bem, eu *tive* escolha. Poderia ter ido pra faculdade e construído uma vida diferente. Eu tinha opções; poderia ter seguido outro caminho, mas aqui estou. Como posso me perdoar por isso?

Revelar tudo aquilo a Pema fez com que encarasse os fatos como nunca tinha feito antes e o arrependimento pesou sobre ele. Mas foi em frente, admitindo o que acreditava ter sido a autossabotagem definitiva, porque o colocara no corredor da morte.

– Quando fui acusado de participar do assassinato do sargento Burchfield, não me defendi contando o que realmente aconteceu: eu não fiz parte de nenhuma conspiração, não sabia o que ia acontecer, não fiz a faca – disse. – Mas fiz um juramento e fui leal a ele. Não contei nada. Então fico pensando por que me escolheram para ser o bode expiatório. Fui escolhido porque o cara que armou pra cima de mim sabia que eu seguiria ordens, que não diria uma palavra. Eu era um bom soldado e seguia o código, sem me importar com as consequências. – Ele concluiu: – Minha fraqueza me colocou no corredor da morte. Como posso me perdoar por isso?

Pema deixou aquelas palavras pairarem no ar por um momento antes de falar.

– Algumas das nossas experiências têm um impacto duradouro – explicou. – Podemos jamais superá-las completamente. Mas podemos vê-las por outra ótica.

Ela lembrou a ele a meditação *tonglen* e deu mais explicações:

– *Tonglen* não é apenas inspirar a dor dos outros. É, também, inspirar *nossa própria* dor. Nós inspiramos e depois expiramos o que precisamos para encontrar a cura. Você se pune porque sente que merece. Talvez não tenha ido para a faculdade porque sentia que não merecia uma vida melhor. Talvez tenha ido para casa em Harbor City porque sentia que não merecia uma vida melhor. Talvez não tenha ouvido sua consciência porque nunca aprendeu como fazer isso e já estava convencido de que não era boa coisa.

Ela o instruiu:

– Inspire toda essa dor, Jarvis. Inspire tudo. Depois expire o que você precisa. Eis a mágica da meditação *tonglen*. Você começa inspirando a própria dor, mas logo percebe que está inspirando a dor de todos. Então, depois de inspirar todo esse veneno, você expira para o mundo, para todas as pessoas. Você expira o que precisa e o que todos precisam. O que você precisa? O que todos precisam? Compaixão, afeto e amor.

Invocando mais uma vez as palavras cruéis da juíza Savitt quando deu a sentença de morte de Jarvis, Pema acrescentou:

– A juíza disse que o mundo seria um lugar melhor se você nunca tivesse nascido. Inspire essa dor. Em seguida, expire um recado para você e para o mundo inteiro: o mundo é um lugar melhor *porque* você nasceu.

* * *

Em meados daquele ano, Jarvis foi transferido para outra cela, de novo sem explicações. Essa era vizinha à de um antigo conhecido. Uma década antes, Jarvis fora colocado ao lado de um detento chamado Richard Roberts.* Eles raramente se viam cara a cara, mas conversavam no pátio e através da parede que dividiam.

Os caprichos da burocracia carcerária os colocaram lado a lado outra vez e eles rapidamente renovaram o vínculo. Roberts era casado e tinha duas filhos. Por mais de dez anos, sua esposa escrevia cartas a cada uma ou duas semanas e mandava fotos das crianças. Usando uma linha, Roberts mostrava as fotos para Jarvis, que o provocava:

– Eles têm sorte de terem puxado a beleza da mãe.

Meio ano depois, Roberts reclamou que a esposa não o visitava nem escrevia fazia um mês. Passado outro mês, ainda não havia recebido notícias. Foi quando Jarvis começou a perceber a fala arrastada de Roberts. Quando perguntou se estava tudo

---

* "Richard Roberts" é um pseudônimo.

bem, o vizinho disse que estava bem, que só estava drogado, admitindo que tinha conseguido alguns analgésicos.

Na madrugada seguinte, às quatro horas, Jarvis ouviu o caos no andar. Guardas passaram correndo por sua cela e pararam na de Roberts. Jarvis ouviu um guarda gritar:

– Ele está inconsciente!

Os guardas carregaram o corpo de Roberts para fora da cela e o colocaram numa maca parada na frente da cela de Jarvis. Ele olhou para o homem na maca, que conhecia há anos, mas raramente via. Um dos guardas começou a massagem cardíaca com as palmas das mãos, mas não houve resposta. O guarda não parou. Jarvis reconheceu o agente penitenciário. Ele tinha uma reputação de brutalidade e, ao longo dos anos, Jarvis tinha sido um dos alvos de sua crueldade.

Enquanto Jarvis observava, o guarda trabalhava freneticamente para reanimar o homem, mas seu trabalho foi em vão. Ele se curvou e colocou o ouvido perto da boca de Roberts. Depois, delicadamente colocou dois dedos no pescoço dele. Por fim, disse baixinho:

– Ele se foi.

O guarda ergueu os olhos e viu Jarvis olhando para ele. Os dois estavam quase chorando.

Era muito arriscado para Jarvis dizer qualquer coisa: ele não sabia se o guarda, instável, iria explodir com ele, mas mesmo assim se dirigiu ao agente:

– Obrigado por tentar. – E repetiu: – Obrigado por tentar salvá-lo.

O guarda examinou Jarvis. Não disse nada, mas o olhar dele revelava perplexidade, e então desviou os olhos.

Jarvis foi deixado com a tristeza pela morte do vizinho, mas também com algo incoerente e desnorteante. Embora conhecesse o guarda há anos, ele nunca o vira como uma pessoa até aquela madrugada.

Quando Pema o visitou novamente, ela viu, pelo olhar dele e pelas palavras que jorravam, que algo muito importante e significativo havia acontecido. Ele contou a ela sobre o suicídio de Roberts e como estava angustiado. Então falou sobre os muitos suicídios desde que estava no corredor da morte. Eram tão comuns que os guardas e prisioneiros geralmente os aceitavam com naturalidade. Ele ouvia a voz de um guarda:

– Temos um pendurado.

Os guardas tiravam o corpo e o levavam, tudo prosseguia normalmente.

– Um "pendurado" – falou Jarvis, com tristeza. – Como na música de Billie Holiday: "Frutas estranhas penduradas nos álamos." Não uma pessoa. Nenhum nome.

Jarvis contou a Pema sobre o esforço do guarda para salvar Roberts e o momento em que seus olhares se cruzaram.

– Convivi com policiais a vida toda – disse ele. – Eles eram o inimigo. Éramos "nós", minha família, meus vizinhos, todos nós crescendo, todos os detentos, e "eles", os policiais.

A hostilidade entre guardas e presos era profunda, e era mútua.

– Quando eu olhava nos olhos de um cana, via ódio – disse Jarvis. – Mas agora – ele fez um instante de pausa –, vejo eles de um jeito diferente. Olhe pra eles, olhe pra eles – de verdade – e você vê a dor. Eles são como os presos, nesse sentido. São iguais a nós, eles também sofrem.

Jarvis continuou:

– Então, sim, uns são uns filhos da puta, mas talvez sejam os que passaram pelas piores coisas. Alguns deles provavelmente querem fazer o bem, mas... Eu fiquei pensando como devem se sentir por trabalharem o dia todo em um lugar onde são odiados. Eles são prisioneiros também.

Depois de um minuto, Jarvis disse:

– Há muitos anos, Rinpoche disse que eu deveria aprender a ver a perfeição de todos os seres, e eu nunca tinha entendido. Que porra isso queria dizer? Mas agora entendo.

Em momentos como aquele, quando as conversas com Pema o ajudavam a clarear o pensamento, Jarvis se sentia fisicamente mais leve. Ele disse a ela:

– A gente precisa de muita energia pra carregar o ódio. Quando abro mão dele... eu me sinto... – ele procurou a palavra e logo a encontrou: – liberto.

15 - CAMINHAR NA GRAMA

Em fevereiro de 2007, logo depois da cerimônia bodhisattva e da publicação de seu livro, Jarvis soube por Joe Baxter que a Suprema Corte da Califórnia tinha determinado a realização de uma audiência probatória na qual uma juíza iria rever algumas das alegações do recurso de Jarvis. Foi o presente de Dia dos Namorados que ele e Marie comemoraram. Jarvis estava esperando que o recurso fosse ouvido desde 2001, quando Baxter e outros advogados apresentaram a petição inicial. Ele e Marie estavam extasiados, mas não sabiam que demoraria três anos até que a audiência fosse marcada.

À medida que a data da audiência se aproximava e se tornava claro o que estava em jogo, o medo de Jarvis crescia. Às vezes ele imaginava a vitória e a saída da prisão, e seu coração batia com tanta força que ele pensava que teria outra convulsão. Por mais assustador que fosse, quando imaginava a derrota, sentia que seu coração iria parar e ele iria morrer.

Tudo que ele queria era que o caso fosse ouvido – uma chance de provar sua inocência –, mas, agora que a data estava se aproximando, o pânico o dominava.

Pema reconheceu a angústia dele e o aconselhou a se concentrar em sua prática.

– Faça o máximo para permanecer no meio-termo – orientou ela –, sem imaginar resultados que você não pode prever ou controlar, sejam eles positivos ou negativos. Não negue a esperança nem o medo; permita-se sentir as duas coisas. Mas trabalhe com a respiração para ficar no meio-termo. Esperança e medo são dois lados da mesma moeda. Ambos são armadilhas. Mas lembre-se de que ambos roubam você do momento presente. Sua prática irá ajudá-lo a enfrentar isso.

* * *

A audiência finalmente começou em janeiro de 2011. Jarvis ia diariamente ao tribunal, onde se sentava à mesa ao lado dos advogados, algemado, exceto por sua mão esquerda, que era mantida livre para que ele pudesse fazer anotações. A sala despertou nele lembranças desanimadoras do julgamento anterior: mesma sala, mesmas luzes fluorescentes ofuscantes, uma nova juíza que concederia a ele um novo julgamento ou o mandaria de volta ao corredor da morte.

Jarvis tinha sido condenado e sentenciado pelo Tribunal Superior do Condado de Marin. A fim de determinar questões factuais que seus advogados levantaram na petição de *habeas corpus*, o Supremo Tribunal do estado ordenou que o condado respondesse a sete perguntas. Eram perguntas ligadas à acusação de que Jarvis havia sido condenado com base em provas falsas e à existência ou não de novas provas de sua inocência. Jarvis tinha motivos para ficar otimista porque o requerimento do tribunal para "exposição dos fatos" foi "singular e de tirar o fôlego em seu escopo", de acordo com o professor da Faculdade de Direito Hastings, da Universidade da Califórnia, Richard Marcus, citado no jornal *San Francisco Chronicle*.

Marie tentou não ficar muito confiante ou animada, mas começou a planejar em segredo a ida de Jarvis para casa. *Ele tinha que vencer. Claro que ele venceria.*

Jarvis fez o que pôde para seguir as instruções de Pema. Usou técnicas de meditação, concentrando-se na respiração, para ficar o mais sereno possível. Mas sua mente divagava com frequência e ele oscilava do terror à esperança, indo e voltando. Então a brecha vinha. Quando ele a reconhecia, saía da confusão e retornava ao corpo, mas era difícil fazer isso, especialmente à medida que a audiência progredia e, mais uma vez, ele tinha que ouvir a acusação retratando-o como no primeiro julgamento: um assassino frio, sem arrependimento, irrecuperável. Às vezes ficava assustado; outras, furioso. Ele inspirava. Tentava se concentrar na inspiração e no ar em seus pulmões. E na expiração saindo de seu corpo. Devagar. Ele respirava. Aquilo ajudava por alguns instantes de cada vez, mas ele não era experiente o bastante para expirar aquela fúria ou aquele medo.

Mesmo nesse estado de extrema agitação, Jarvis estava ciente da diferença entre o primeiro julgamento por assassinato e aquele. Da outra vez, ele estava sozinho, exceto por Melody, Kelly Hayden e suas famílias. Dessa vez, quando olhou por cima do ombro, viu os rostos amorosos dessas pessoas, mas de muitas outras também. Alan Senauke estava ocupado tomando notas, narrando o julgamento em seu blog. Marie, Pamela, Susan e outros estavam lá. Ele tinha um apoio que não tivera da outra vez, e a presença de tantos amigos trazia algum conforto.

Um sábado, Pamela o visitou e eles passaram uma hora rindo. Por algum tempo, ele se esqueceu da audiência. Quando falaram sobre o caso, Jarvis admitiu como era estressante, mas foi filosófico. Falou tanto para si mesmo quanto para ela:

– Só preciso continuar lembrando a mim mesmo que pensamentos sobre o futuro só causam aflição, mas quando estou presente no momento, como aqui, agora, com você – ele olhou para Pamela; os cabelos ruivos dela, antes flamejantes, agora estavam grisalhos, mas os olhos cor de mel brilhavam mais do que nunca –, fico bem.

Marie também o visitava, mas esses encontros eram mais melancólicos. Eles não falavam muito; não precisavam. Compartilhavam a expectativa e o medo um do outro.

À noite, nos dias em que ia ao tribunal, e nos fins de semana, Jarvis conversava com Pema. Quando ouvia a apreensão dele se intensificando, ela o tranquilizava, pois era natural que se preocupasse.

– Em momentos como este, nossa mente pode ir a lugares muito sombrios. Não rejeite esses pensamentos, reconheça-os e depois retorne à sua respiração.

Ele tentava ao máximo, mas estava em parafuso. Uma noite, escreveu uma carta a Pema: "Outro dia, meditando, senti algo, como se estivesse segurando uma batata quente queimando minhas mãos. Ergui os olhos e vi meus carrascos, o silêncio deles, fazendo o que era a rotina deles: me conter, me amarrar com correias... Eu tentava fingir que tinha compaixão por eles enquanto me continham. Tentava aceitar que estava morrendo e era hora de desapegar. Eu não queria desapegar, Pema. Não quero desapegar."

✳ ✳ ✳

As bases do recurso de Jarvis incluíam provas da má conduta por parte da acusação e retratações de testemunhas-chave. Em uma declaração feita depois do julgamento, uma testemunha de destaque afirmou que o promotor se recusou a transferi-lo para outra prisão a menos que colaborasse. Como havia sido exposto como informante, se não fosse transferido, provavelmente seria morto. Outra testemunha disse que recebeu o conselho de não revelar a promessa de um promotor de que seria leniente com ele em outro caso. O mais importante: um prisioneiro confessou a um agente penitenciário que havia cometido os crimes pelos quais Jarvis havia sido condenado, mas foi negado à defesa de Jarvis o direito de apresentar essa confissão.

Algumas das provas mais contundentes usadas contra Jarvis consistiam em bilhetes que ele havia escrito depois do assassinato. Os advogados de Jarvis acreditavam que a promotoria havia achado que o testemunho de delatores não era suficiente para condenar Jarvis e coagira um membro da BGF a forçar Jarvis, sob ameaça, a copiar dois bilhetes nos quais ele se incriminava. Um linguista forense que estudou centenas de páginas escritas por Jarvis testemunhou que Jarvis realmente havia copiado esses bilhetes (algo que ele nunca contestou), mas não as havia redigido. Ele fora forçado a copiá-los ou seria morto. Um especialista em cultura de gangues explicou que os líderes muitas vezes forçavam jovens soldados como Jarvis a escrever bilhetes e outros documentos que ditavam ou a copiá-los; os originais eram destruídos depois para que nunca houvesse comunicações incriminatórias com a caligrafia deles.

Os amigos de Jarvis acreditavam que essa evidência era incontestável. Kelly disse que era "mamão com açúcar". Ela acreditava que o tribunal não poderia deixar de ver que ele era inocente e que o julgamento tinha sido uma farsa. A confiança dos amigos intensificava a de Jarvis, e a ansiedade dele aumentava à medida que criava histórias mentais nas quais se via saindo pelos portões de San Quentin.

※ ※ ※

A decisão proferida em 22 de agosto de 2011 foi um golpe brutal. A juíza não se convenceu dos argumentos dos advogados de Jarvis. Ela concluiu que provas falsas foram apresentadas no julgamento, mas que não acreditava que isso faria diferença no resultado. E desconsiderou o depoimento de testemunhas que se retrataram, que ela considerou "completamente destituídas de credibilidade" como "criminosos profissionais cuja palavra, sob juramento ou não, nada significava". Ela disse que as retratações não eram mais confiáveis do que o testemunho que prestaram no julgamento, mas não abordou a contradição inerente a essa conclusão. Se as testemunhas eram mentirosas e seu testemunho não era confiável, por que ela deveria supor que tinham sido mais confiáveis no final da década de 1980, quando os promotores e o procurador distrital tinham feito acordos com elas?

Os apoiadores de Jarvis ficaram indignados e consternados. Marie ficou com o coração partido. Em meio às lágrimas, ela disse a Pamela:

– Eu só quero que meu marido venha para casa.

Ela e Pamela choraram juntas.

Jarvis ficou destroçado. Ele tentava se exercitar, mas não conseguia. Escrevia, mas seus relatos não chegavam a lugar nenhum, e ele estava desanimado demais para meditar. Ficou desalentado por semanas. Nessa época, um monge que o visitava observou que a reação de Jarvis "não era muito budista".

Jarvis respondeu:

– Vai se foder.

Quando ficou sabendo da resposta ao monge, Pema riu e disse a Jarvis que aquela fora a reação correta. O Buda não poderia ter dito melhor.

Aquele momento de riso mudou alguma coisa, e naquela noite Jarvis se deitou na cama, ainda desesperado, até que, por volta das duas ou três da manhã, adormeceu. O alívio durou pouco, porque ele acordou ofegante como uma pessoa que estivesse se afogando e que, depois de patinhar freneticamente, atingisse a superfície. A inspiração de oxigênio lhe trouxe a sensação de limpeza. Ele se sentiu livre de uma ilusão de meses a que sucumbira, o que Pema chamou de *shenpa*, o conceito budista de "apego", que ela traduziu como "ficar enganchado" em uma ideia, fantasia, pessoa, droga ou qualquer outra coisa que nos preocupe. Encorajado pelas boas intenções de seus amigos e pelo sonho de Marie com a vida a dois, ele ficou preso na fantasia de ser libertado de San Quentin. No processo, abandonou a prática e a si mesmo.

Jarvis passou da cama para o chão. Sentou-se na posição de lótus, fechou os olhos e respirou. Entrou em um estado de meditação profunda pela primeira vez em meses e sentiu... o que era aquilo? A essa altura, ele sabia que os sentimentos de um budista nunca são simples ou singulares. Ele desemaranhou o que estava experimentando. Sentiu uma mistura de tristeza com a derrota no tribunal, mas também alívio e uma sensação de segurança. O alívio era por ter sido libertado da história em que estava preso. A segurança, por retornar à sua mente e ao seu corpo.

Na manhã seguinte, Jarvis ligou para Kelly, que se lamentou com ele e lhe lembrou que a fase mais importante do recurso, de análise do pedido de *habeas corpus*, estava chegando e, nessa rodada, o tribunal ouviria as provas recolhidas desde o julgamento original.

Jarvis a interrompeu:

– Adivinha só! Não contei isso a você. Mas todas as manhãs a caminho do tribunal e todas as tardes voltando de lá, os guardas me conduziam por aquela calçada cheia de curvas que cortava aquele enorme gramado verde. No último dia, apesar das correntes, forcei a ida para a beira da calçada e pisei fora do calçamento. Dei um, dois, três passos antes de eles me puxarem de volta para o concreto.

Kelly esperou para ver aonde a história estava indo. Quando Jarvis percebeu que ela não tinha entendido, disse:

– Kelly! Você não entende? Eu andei na grama! Andei *na grama*. Foi a primeira vez em trinta anos que pisei na grama!

Jarvis se deleitou com a lembrança de esmagar a grama sob os pés. Após a ligação, ele enxergou uma verdade sobre o budismo que nunca tinha percebido com tanta clareza: a medida do progresso de um budista não é o modo como a pessoa evita a queda, porque as quedas são inevitáveis; a verdadeira medida é como ela se levanta.

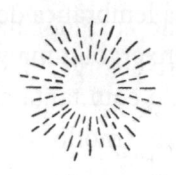

16 – PRESENÇA

Um ano depois, em 24 de fevereiro de 2012, Jarvis completou 50 anos. Em seu aniversário de meio século, ele contemplou o fato de que estava em San Quentin desde os 19 anos, isto é, havia trinta anos – dez anos a mais do que esteve fora. Cinco anos antes, quando foi transferido do CC para o Bloco Leste, um guarda lhe entregara uma caixa de itens pessoais que a prisão mantinha desde sua sentença de morte, bens proibidos no Centro de Correção. Havia nela roupas que estavam guardadas fazia duas décadas. Ele experimentou uma jaqueta e uma calça, mas as mangas e as pernas da calça estavam curtas. Percebeu que, na época do julgamento, não estava totalmente crescido. Era apenas um garoto.

Nove meses depois do aniversário, o capelão de San Quentin, padre George Williams, parou na cela de Jarvis e disse que queria apresentar uma pessoa a ele, uma ministra inter-religiosa chamada Susan Shannon, que estava dando aulas de meditação e justiça restaurativa para a população carcerária em geral. Ela era budista, havia feito seus votos de iniciação numa cerimônia conduzida pelo Dalai Lama e – ele guardou esse detalhe para o final – tinha sido aluna de Chagdud Tulku Rinpoche, que iniciara ambos na Tara Vermelha.

Susan nunca estivera no corredor da morte e estava nervosa na manhã em que o padre George a levou para conhecer Jarvis. Ela foi obrigada a usar um colete à prova de facadas antes de ser conduzida pelo andar. Os primeiros instantes juntos a deixaram inquieta. Olhando através da dupla tela em padrão de diamante da cela de Jarvis, ela sentiu a "graça" de Rinpoche. Ela e Jarvis logo começaram uma conversa intensa sobre o professor. Quanto mais falavam sobre a prática e o significado do budismo para ele – sobre como ele sobrevivera graças ao budismo –, mais intensamente ela sentia a presença de Chagdud Tulku entre eles.

Susan disse que acreditava que Rinpoche teria adorado que aqueles dois alunos se conhecessem – e ainda por cima no corredor da morte. Jarvis concordou.

– Ele está esfregando as mãos lá em cima, pensando: "Ah, isso só pode ser bom!"

Susan perguntou como tinha sido quando Chagdud Tulku o visitara.

– Você precisava ter visto o jeito como olharam para ele no salão de visitas – disse Jarvis. – Aqueles caras nunca tinham visto nada igual. Era como se ele tivesse vindo da Lua.

Houve tempo apenas para uma breve conversa naquele dia. Antes de se despedirem, o padre George sugeriu que Susan e Jarvis se encontrassem regularmente e estudassem juntos, e assim, ao longo das semanas que se seguiram, eles criaram uma espécie de grupo de estudos budista privado na porta da cela dele. Algumas de suas conversas eram leves e animadas, sobre a vida dos dois. Susan contou a Jarvis sobre sua evolução para o budismo, sua família e seu querido cavalo em um estábulo na parte oeste do condado de Marin. Ele relembrou Harbor City e falou sobre os desafios que enfrentara ao tentar aplicar os princípios budistas no corredor da morte.

Jarvis começou a ver Susan como uma professora com quem

poderia estudar aspectos mais formais da religião. Ele se preparava para os encontros com listas de perguntas. Perguntou sobre as muitas formas diferentes do budismo, sobre o próprio Buda e o significado dos mantras que aprendeu. Susan ensinou a ele os alfabetos sânscrito e tibetano, e ele decorou, verso a verso, a oração de Tara Vermelha na forma original tibetana.

Jarvis perguntou mais sobre Tara Vermelha. Perguntou por que o professor escolhera colocá-lo sob a proteção de um Buda feminino em vez da forma masculina tradicional. Susan explicou que Tara Vermelha era uma das práticas centrais de seu professor e poderia ser equiparada à Virgem Maria e às qualidades do que ela descreveu como o "Divino Feminino", virtudes como cuidado e empatia.

– Você não acha que um lugar como San Quentin, onde há milhares de homens sofrendo, pode se beneficiar da proteção de uma mãe amorosa?

– No começo, eu pensava em Tara Vermelha como alguém que desceria do céu como uma super-heroína – contou Jarvis –, mas Rinpoche me fez entender que ela protege de uma forma diferente, quase como se nos colocasse sob um cobertor, uma espécie de manto da invisibilidade.

Jarvis relembrou a primeira vez que Chagdud Tulku lhe disse que Tara Vermelha era uma força que ele podia invocar quando precisasse de ajuda e se lembrou das vezes em que *precisou* dela e a chamou, e ela veio e ajudou. Ele também se lembrou das vezes em que chamou e ela não veio: quando ele estava desesperado com a audiência probatória e também durante os meses que passou furioso com Bork, por exemplo. Susan explicou que Tara não tira as preocupações como que num passe de mágica, mas nos protege para que possamos enfrentá-las.

Depois de algumas semanas, o padre George providenciou que Susan e Jarvis se encontrassem numa sala reservada para visitas psiquiátricas. Sentados diante de uma mesa numa pequena sala adornada com um pôster de um cachorrinho, eles conversaram sobre reencarnação, atenção plena e carma, e ela ensinou mais a ele sobre textos budistas. Jarvis compartilhou histórias sobre como sua prática se desenrolava todos os dias na prisão.

Quanto mais Susan conhecia Jarvis, mais claramente ela via a sinceridade com que ele praticava seus votos. Via como ele se esforçava para ajudar as pessoas. Ele lhe contou sobre um mantra que criara e que repetia a si mesmo ao longo do dia para guiá-lo: "Como posso ser útil? Como posso ser útil?"

— Quando estou perdido em preocupações, a pergunta me traz de volta para onde eu preciso estar.

Jarvis disse que estava tentando encontrar novas maneiras de ajudar os outros em San Quentin. Ele fantasiava há muito tempo sair da prisão e trabalhar com gangues, ensinando garotos a meditar, embora sem usar essa palavra, porque senão ninguém se interessaria. Abriria uma academia de boxe ou artes marciais, onde ensinaria consciência corpo-mente, "foco" — ficar sentado, respirar — e lições budistas numa embalagem nova. Orientaria os garotos a se valorizarem e a viverem de forma autêntica, ajudando-os a evitar gangues, drogas e violência. Ele pensava na dúvida que teve que enfrentar uma vez: quem é você sem seus parceiros da gangue? Ele queria ajudar os garotos a descobrir isso. Queria que os meninos soubessem que ser um homem de verdade não era adotar o tipo de masculinidade que ensinavam a eles. Não era ser durão e violento, mas consciente, aberto e atencioso.

Enquanto estivesse na prisão, esse plano estaria em suspenso. Nesse meio-tempo, queria ajudar outros homens como fora ajudado e perguntou a Susan se ela tinha alguma ideia.

Desde a publicação, exemplares bem gastos de *Encontrando a liberdade* circulavam pelo corredor da morte. Alguns detentos que liam o livro pediam a Jarvis que explicasse mais sobre sua prática e vários perguntavam se aquilo podia ajudá-los. Ele explicava aos homens os pontos de vista do budismo sobre o sofrimento, a morte e o viver no presente, e recomendava livros, inclusive os de Pema, Chagdud Tulku e um livro budista escrito para prisioneiros, *We're All Doing Time* (*Estamos todos cumprindo pena*), cujo autor, Bo Lozoff, o tinha visitado. Ele até ensinou alguns detentos a meditar.

Jarvis descobriu que alguns liam os livros, alguns seguiam o budismo, e alguns experimentavam a meditação, mas a maioria não prosseguia com o impulso inicial para assumir a fé. Alguns tentaram, mas acharam muito difícil e pararam. Outros liam os livros e os deixavam de lado, achando-os obscuros e, como disse um deles, "cheio de merdas de guru". Jarvis perguntou a Susan:

– Como posso ajudar mais pessoas aqui dentro da mesma forma que o budismo está me ajudando?

– Talvez, no começo, eles não precisem entender nada das práticas e dos ideais – sugeriu ela. – Eles podem se beneficiar se puderem contar com a sua presença.

– Minha presença? – Jarvis não entendeu.

Ela explicou:

– Você cultivou aqui no corredor da morte uma presença que eles sentem, ou não estariam perguntando. É graças à bênção de Chagdud, mas também à sua dedicação à prática. – Ela elucidou que as práticas de *tonglen* e Tara Vermelha podem criar uma presença que é palpável para as pessoas. – Seus vizinhos provavelmente sentem isso vindo de você, embora talvez não sejam capazes de identificar o que é. Permitir que passem algum tempo com essa sensação pode ser o começo da transformação deles. Seja um exemplo. Pratique. Se eles o observam e fazem perguntas, é porque veem algo em você. Ou sentem. Pode ser paz. Talvez sabedoria. Eles sentem que você tem algo que poderia ajudá-los.

Susan garantiu a ele que apareceriam mais oportunidades de ajudar.

– Às vezes pode ser apenas ouvir sobre as dificuldades e a confusão de uma pessoa – disse ela. – Você pode encontrar oportunidades para conversar com os homens e pedir a eles que reflitam sobre o que está faltando na vida deles e quais qualidades gostariam de adquirir. Talvez você possa ajudá-los a identificar suas intenções. Você pode falar sobre maneiras de chegarem aonde querem e os obstáculos que encontrarão no caminho. Talvez eles acabem experimentando a meditação se a perceberem como uma maneira de abrir a mente e chegar às respostas que procuram. Por causa do lugar de onde vêm e onde vivem, não surpreenderia se buscassem uma forma de sossegar a mente. Você pode oferecer isso.

Ela concluiu:

– O principal é manter seu mantra e você encontrará respostas. Descobrirá que existem maneiras ilimitadas de ajudar e uma necessidade ilimitada de ajuda.

* * *

Quase como se confirmasse a previsão de Susan, uma oportunidade de ajudar se apresentou naquela mesma semana. Jarvis estava no pátio quando percebeu um recém-chegado, um garoto magro, de uns 25 anos, talvez, que estava sozinho, encostado na cerca. Ele percebeu que o garoto tentava parecer ameaçador: a mandíbula tensa, os punhos cerrados. Jarvis tinha sido aquele garoto.

Ele se aproximou do rapaz, se apresentou e perguntou o que estava acontecendo. O menino olhou e o mandou "se foder". Isso fez Jarvis sorrir.

Jarvis não forçou a barra, mas ficou de olho no jovem para garantir que ele estava em segurança. Mais ou menos uma semana depois, conseguiu fazer o garoto falar. Descobriu que o nome dele era Reggie,* que ele era de Fresno e tinha matado um adolescente em um tiroteio entre gangues rivais.

A sentença de morte de Reggie era recente, e Jarvis viu que o rapaz ainda não tinha assimilado o que isso significava. Jarvis falou sobre si mesmo, sua família, sua vizinhança, e perguntou sobre a vida de Reggie. Os detalhes eram diferentes, mas, em essência, viu que era como a dele. O garoto mal conhecera o pai, a mãe era dependente de drogas e violenta.

Jarvis se lembrou de Cynthia.

– Ela era uma criminosa – disse. – Cortaria sua maldita garganta se você ficasse no caminho dela. Andava com um estilete. Uma vez ela foi atacada e espancada, baleada oito vezes e largada em um beco. Não morreu, não conseguiram matá-la. Ficou três meses internada no hospital. Eu ficava brincando na cama do hospital e ela me contava histórias. Ela estava presente quando fui preso. Pulou em cima dos policiais, os atacou. Fazia qualquer coisa pelos filhos. – Ele fez uma pausa para refletir e depois disse: – Mas sim, ela também nos machucou. Não nos protegeu.

Jarvis contou a Reggie sobre seu esforço para recuperar seu amor por uma mulher que causara tanta dor, sobre como os anos na prisão e o próprio budismo o ajudaram a compreendê-la.

– Ela sofria como eu – disse Jarvis. – Tinha essa dor. É isso que o budismo ensina: todo mundo tem essa dor. Comecei a lamentar por ela. Ela não pôde deixar de fazer o que fez. Percebi que éramos iguais. Meu amor por ela estava enterrado embaixo do meu ódio.

Reggie ficou encantado. Era evidente que estava prestes a chorar, mas não se permitiria.

– Veja bem – continuou Jarvis –, o budismo fala de como

---

* "Reggie" é um pseudônimo.

somos todos iguais, de como estamos neste mundo juntos, lutando. A vida é difícil para todo mundo, estamos todos sofrendo juntos. – Depois acrescentou: – E mostra como causamos grande parte do nosso próprio sofrimento.

Jarvis mencionou uma das lições mais profundas do budismo, algo que o ajudara quando tinha a idade de Reggie:

– Aprendi que podemos controlar a nossa mente. – Deixou aquelas palavras no ar por um instante. – O truque é aprender a controlá-la. Quando fazemos isso, nosso sofrimento diminui. É isso que o budismo ensina.

– Mas eu nunca poderia ser budista – retrucou Reggie.

– A questão é que você *é* budista. As pessoas acham que o Buda diz: "Sente-se, desperte, reze, encontre uma túnica, raspe a cabeça, esvazie a mente." Não é nada disso. É só que você pode lidar com os pensamentos, os maus e os bons também. Você pode se sentar com eles. Você pratica e percebe que, se não fugir dos seus medos, das suas dúvidas, do seu passado, seja lá o que machuca você, se enfrentá-los, eles param de perseguir você. Isso muda a maneira como se sente sobre si mesmo, sobre sua vida, e até mesmo sobre este lugar. O budismo também muda a forma como você reage aos acontecimentos. Aí, se você parar de fugir, se enfrentar toda essa merda... é assim que vai deixar esse seu traseiro longe de encrenca.

Jarvis concluiu citando o professor cujas palavras o ajudaram no início de sua própria jornada, George Clinton: "Liberte sua mente e seu traseiro irá atrás." Ele disse: "Experimente. Pratique. Veja se ajuda você."

Reggie tentou meditar algumas vezes e relatou suas experiências para Jarvis. Ele teve momentos de paz, mas, como Jarvis, muitas vezes desanimava. Uma vez, ele disse:

– Isso é tudo palhaçada, uma perda de tempo da porra. Budismo é papo furado.

– Pode ser, mas, mesmo que seja, pode ajudar você a enfrentar as noites difíceis. O que você tem a perder? Você está no corredor da morte! Foi o que percebi quando não queria fazer essas coisas. Descobri que não ter nada a perder liberta a gente.

Ele descreveu o conceito de ausência de fundamento de Pema e falou:

– Quando está no inferno e as coisas não podem piorar, você pode tentar coisas que nunca tentou antes. Confiar nas pessoas, por exemplo. Olhar para si mesmo. Admitir que está com medo.

Quando Jarvis disse isso, ele sentiu Rinpoche dentro de si outra vez.

Jarvis treinou Reggie por um ano, até que o garoto foi transferido para um novo pátio. Depois disso, passou a enviar livros e mensagens para ele. Reggie enviava bilhetes fazendo perguntas e descrevendo seus progressos. Em um deles, escreveu: "Eu estava meditando e me tornei um pássaro. Estava voando. Percebi que estava voando no céu e podia ir para onde quisesses."

17 – O SOM DA VIDA

Anos antes, Jarvis disse a Pema que gostaria de poder começar um curso de meditação e budismo no corredor da morte. No passado, ele acreditava que o budismo seria irrelevante na prisão, mas depois passou a acreditar que era algo que poderia ajudar todos os presos. Eles viviam no inferno, e o budismo ensinava os praticantes a encontrar paz e sentido onde quer que estivessem. A paz estava à espera no local onde não havia passado ou futuro, e a meditação era o caminho até lá.

Jarvis costumava pensar numa parábola que Pema lhe contou uma vez: uma mulher caminha pela floresta e encontra um bando de tigres. (Jarvis brincou: "No budismo, os tigres estão sempre ensinando alguma coisa.") Os tigres começam a persegui-la e ela corre. Eles estão se aproximando quando ela chega a um penhasco. Há heras crescendo na encosta e, segurando-se nelas, ela desce. Mas aí olha para baixo e vê mais tigres esperando na base do penhasco. Acima, ela vê um rato roendo as heras. À frente, vê lindos morangos maduros. Olha para cima e vê os tigres, olha para baixo e vê mais tigres; acima, vê o rato roendo as heras em que se segura. Então pega um morango e o saboreia.

Em seu livro *Wisdom of No Escape and the Path of Loving*

Kindness (*A sabedoria do beco sem saída e o caminho da bondade amorosa*), Pema diz que a parábola descreve "a situação em que estamos sempre, entre nascimento e morte". Ela escreve: "Tigres acima, tigres abaixo... Cada momento é exatamente o que é. Pode ser um momento único em nossa vida; podem ser os únicos morangos que vamos comer. Podemos ficar deprimidos com isso ou finalmente reconhecer e nos deleitar com a preciosidade de cada momento da vida."

Jarvis percebeu que o ensinamento budista de "viver e apreciar o momento presente" era uma lição profunda para qualquer um, mas que, para os prisioneiros, tinha o potencial de salvar vidas. Chagdud Tulku dissera: "Todos estamos na prisão e todos temos a chave." Quando Jarvis ouviu pela primeira vez esse aforismo, ele foi sarcástico e ficou até irritado. *Não tenho as chaves das minhas correntes e celas; meus vigias, sim.* Mas, quando se tornou budista, aprendeu que era verdade. Quando sua mente estava livre, ele estava livre. Os muros da prisão desapareciam. Reggie tivera a mesma experiência, e Jarvis queria que os outros prisioneiros também tivessem. Queria que eles soubessem que poderiam encontrar a liberdade, não importando onde estivessem.

Jarvis testou maneiras de espalhar a mensagem budista sem mencionar a religião. Ele jamais seria um daqueles proselitistas convertidos que afastavam e irritavam as pessoas (e que sempre *o* irritaram). Jarvis tinha visto o crescente engajamento de Freddie no budismo e seus métodos únicos de divulgar os ensinamentos. Ele se divertiu no dia em que o ouviu no pátio conversando com um jovem detento sobre budismo como se fosse um estudioso. Então Freddie disse ao garoto assustado:

– Se você não sentar essa maldita bunda e respirar, nem pense em sair para este pátio.

As táticas de Jarvis eram mais sutis. Ele observava o pátio e os homens que pareciam isolados, se aproximava deles e, quando podia, fazia com que falassem e os escutava. Tentava encontrar pequenos jeitos de ajudar. "Estou por aqui se precisar de alguma coisa." "Não adianta ficar com raiva daquele guarda. Você só vai se meter em encrenca. Respira, cara. Só respira." Quando um detento parecia receptivo, ele sugeria meditação. "Eu não teria sobrevivido aqui sem ela. É uma maneira de sair daqui por um tempo."

À medida que Jarvis encontrava maneiras de ensinar algumas das lições do budismo sem mencionar esse nome, alguns homens, como Reggie e Freddie, passaram a se interessar pela religião em si, e Jarvis acreditava que criar um curso de budismo no corredor da morte os ajudaria. Em San Quentin, dependendo da sentença e do histórico, detentos da população carcerária comum podiam participar de uma série de programas, inclusive de ensino superior, treinamento em justiça restaurativa e cursos de educação financeira e "paternidade positiva". No entanto, os presos do corredor da morte não podiam se inscrever na maioria desses programas. Antes de Susan Shannon, teria sido impossível para Jarvis formar uma turma de budismo, porque a administração da prisão não teria permitido, mas, devido à sua condição oficial de capelã da prisão, Susan poderia fazer isso. Desde o primeiro encontro, Susan acreditou que Chagdud Tulku Rinpoche unira Jarvis e ela com um propósito.

Ela perguntou a Jarvis:

– O que nosso lama quer de nós?

Ali estava uma resposta. Susan conversou com o padre George, e ele tomou as devidas providências.

San Quentin tinha uma capela cavernosa que era usada pela população carcerária comum. Cristãos, judeus e muçulmanos realizavam cultos lá e havia reuniões diárias do AA. O templo tinha um teto abobadado, bancos de madeira polida e um púlpito de pinho. Em contraste, a capela no corredor da morte era uma saleta de mais ou menos 3,5 por 6 metros cercada por uma tela de arame. Tinha sido um salão de banho antes. No centro, três bancos de madeira foram aparafusados no chão e havia três gaiolas de tela de aço atrás deles. Na frente, voltada para os bancos e as gaiolas, havia uma espécie de escrivaninha que servia de púlpito. Usando novamente um colete à prova de facadas, Susan Shannon se colocou atrás dela.

Guardas armados observavam alinhados enquanto a sala se enchia de homens musculosos e tatuados que conversaram e brincaram até Susan começar a falar. Quando os detentos se calaram, Susan os instruiu a se acalmarem, se concentrarem e respirar.

Ela criou um programa para ensino de budismo em prisões que incluía aulas sobre história, filosofia e prática budistas, indo desde "o que significa buda" e "como o Buda ensinava" até as definições de darma e outros conceitos budistas. Havia aulas sobre as Três Joias e as Quatro Nobres Verdades, que Susan comparava a "doença, diagnóstico, cura e medicação". E ela ensinava várias formas de meditação, inclusive uma chamada Meditação da Equanimidade para desenvolver a compaixão.

Susan pedia aos homens que fechassem os olhos e os guiava pela Meditação da Equanimidade em voz lenta, comedida e uniforme:

– Comece imaginando à sua frente alguém que nunca ajudou nem prejudicou você, alguém de quem você não gosta nem desgosta, alguém por quem você tem um sentimento neutro. Pense consigo mesmo: "Essa pessoa quer felicidade, saúde e boa sorte, assim como eu. Ela não quer sofrimento, dificuldade, fome, assim como eu." Você consegue reconhecer um sentimento neutro, um sentimento de equanimidade, sem aversão nem atração? Quando você sentir essa equanimidade em qualquer grau, coloque a mão no coração, inspire e diga a si mesmo, em silêncio: "Este sentimento é a equanimidade e ele abençoa a mim e os que estão ao meu redor com paz e tranquilidade."

Ela continuou:

– Agora imagine na sua frente alguém de quem você gosta. Pense com você mesmo: "Essa pessoa quer felicidade, saúde e boa sorte, assim como eu. Ela não quer sofrimento, dificuldade, fome, assim como eu." Você consegue sentir a mesma equanimidade e neutralidade em relação a essa pessoa? Inspire e expire suave e continuamente por três vezes. Devagar, leve sua atenção por todo o seu corpo, do topo da cabeça até a sola dos pés. Se achar que sua respiração está ficando mais curta, observe o ponto de seu corpo onde a respiração está apertada. Que memórias estão surgindo para você neste exato momento? Que emoções estão surgindo neste exato momento? Quando você sentir algum grau de equanimidade em relação à pessoa de quem você gosta, toque seu coração e diga, em silêncio: "Este sentimento é a equanimidade e ele abençoa a mim e aos que estão ao meu redor com paz e tranquilidade."

A sala estava tranquila. Os únicos sons eram a voz de Susan e a respiração ritmada dos detentos.

Ela disse:

– Agora imagine na sua frente alguém de quem você realmente não goste. Inspire e expire suave e lentamente três vezes. Devagar, leve sua atenção por todo o seu corpo, do topo da cabeça até a sola dos pés. Se você achar que sua respiração está ficando mais curta, observe o ponto de seu corpo onde a respiração está apertada. Que memórias estão surgindo para você neste exato momento? Que emoções estão surgindo neste exato momento? Pense com você mesmo: "Essa pessoa quer felicidade, saúde e boa sorte, assim como eu. Ela não quer sofrimento, dificuldade, fome, assim como eu." Quando sentir algum grau de equanimidade em relação à pessoa de quem não gosta, toque seu coração e diga, em silêncio: "Este sentimento é a equanimidade e ele abençoa a mim e aos que estão ao meu redor com paz e tranquilidade."

Depois Susan instruiu os homens a imaginarem as três pessoas juntas à sua frente.

– Como a equanimidade faz você se sentir agora? Você se sente mais ou menos equilibrado? Lembre-se de que, sim, essas três pessoas, assim como eu, querem as mesmas qualidades positivas na vida que eu quero. Respire nesse pensamento. Pense consigo mesmo: "Se todos os seres do mundo pudessem sentir equanimidade em relação aos outros, o mundo seria mais pacífico. É meu desejo que, através do meu sentimento, ainda que por um breve instante, eu ofereça um pouco mais de paz e conforto para aqueles ao meu redor. Que eu continue a ter e manter a equanimidade em minha vida, para que eu e os que me rodeiam possamos sentir e nos desenvolver a partir da paz deste pensamento harmonioso."

A meditação terminou e Susan disse aos homens que fizessem uma respiração profunda e abrissem os olhos.

Ela passou a classe para Jarvis. Ele tinha conversado com ela sobre o que queria falar: como o budismo o ajudara a "interromper os padrões" que causaram todos os problemas em sua vida e, por fim, o levaram ao corredor da morte.

– Se você sempre anda pela mesma rua até a mesma esquina onde há drogas e armas, sempre acaba no meio de drogas e armas – disse ele ao grupo. – Você pode mudar as coisas andando por uma rua diferente. É diferente se você faz um plano diferente, analisa as coisas. Vingança? Alguém ofende você, ofende a sua irmã, olha pra você de um jeito torto. Você reage. Isso é um padrão. Logo em seguida, você está brigando. Talvez consiga uma arma. Você volta pro xadrez. Ou morre. Ou outra pessoa morre. Mas, se romper o padrão e seguir outro caminho, sua vida também pode seguir outro caminho. O budismo ensina como fazer isso. Ele prepara você com antecedência. Você pode estar preparado antes de cair na situação. Se estiver mais calmo, atento, consciente, pensando em causa e efeito, vai pegar aquela rua diferente ou, se encontrar o mesmo gatilho que, no passado, teria colocado você naquele padrão imediatamente, agora consegue deixar pra lá. É assim: um sujeito diz uma coisa, você está num ponto em que pode brigar ou pode pensar: "Ele não é má pessoa, talvez um pouco ferrado... deixa pra lá." Você respira.

Jarvis citou um exemplo que fez os homens rirem:

– Outro dia eu estava conversando no pátio e um colega me disse que eu estava falando alto demais. Eu estava pronto pra partir pra cima dele. No passado, teria feito isso. Antes, não havia uma placa de "Pare". Mas aprendi... *estou aprendendo...* a reagir diferente. Então consegui pegar mais leve. Depois, quando eu estava reclamando para minha professora budista sobre o sujeito que disse que falei alto demais, ela perguntou: "Sobre o que você estava tão animado para falar tão alto?" Eu ri e pensei: "Droga, pode ser que eu estivesse falando alto mesmo."

Quando os homens pararam de rir, Jarvis continuou:

– Então, é assim que você muda. Se você se torna reflexivo, autoconsciente, você consegue interromper algo que teria acionado você. Quanto mais você consegue reagir de forma reflexiva, mais consegue – ele fez uma pausa e olhou ao redor da sala – ficar longe de encrenca.

Jarvis explicou que o budismo o ajudara de outra maneira também.

– Você olha para as pessoas de um jeito diferente – disse. – Um guarda grita com você. Em vez de reagir, você pensa: "Esse sujeito teve um dia infernal. Esse sujeito teve uma vida infernal. As coisas estão difíceis pra ele." Você olha pra ele e ignora. Você pede desculpas a ele: "Cara, me desculpe por ter esbarrado em você." Agora, essa não é a reação que ele esperava, e você pega ele no pulo.

Quando a aula chegou ao fim, Susan guiou os homens em uma meditação final e depois os guardas vieram, algemaram os presos e os levaram embora.

* * *

Susan conduzia as aulas na maioria das semanas e, embora alguns homens tenham desistido, a maioria ficou. Jarvis era autorizado a participar de apenas algumas aulas, mas esteve em várias com um assassino que toda semana chegava à capela com uma pilha de livros e leituras budistas. Falava sobre o darma como se fosse um erudito, e tudo isso usando incorretamente as palavras e os mantras tibetanos, descaracterizando princípios budistas. O homem dominava as aulas. Jarvis achou que ele era pretensioso e irritante.

Uma tarde, o homem o deixou especialmente irritado. De volta à cela depois da aula, Jarvis pensou no motivo para se incomodar tanto com ele. Ele visualizou o homem e, em sua mente, olhou bem nos olhos dele. Quando fez isso, viu um homem no corredor da morte, como ele mesmo. O homem estava confuso e assustado. Não era à toa que se agarrava àqueles livros com tanta firmeza.

Jarvis sorriu ao reconhecer que o preso era um budista mais verdadeiro do que ele, porque estava no meio do próprio sofrimento, enquanto Jarvis se afastara de seu sofrimento e julgara o homem, como se soubesse mais. Percebeu que não tinha nada para ensinar ao homem; era o homem que estava ensinando a *ele*.

Uma vez, Alan Senauke contou a Jarvis uma história sobre Nan-in, um mestre zen japonês que viveu há cem anos. Um professor universitário foi ao mestre para perguntar sobre o zen.

– Nan-in serviu chá. Ele encheu a xícara do visitante e continuou derrubando o líquido. O professor viu a xícara transbordar e vazar sobre a mesa até não conseguir mais se conter. "Está cheia demais", disse. "Não cabe mais nada." Nan-in respondeu: "Você está cheio das próprias opiniões e especulações. Como posso lhe mostrar o zen se antes você não esvaziar sua xícara?"

Como Jarvis poderia aprender se estava tão cheio com as próprias ideias sobre o que era e o que deveria ser um budista? Alan deu a ele um livro, *Mente zen, mente de principiante*, em que outro monge Sōtō, Shunryū Suzuki, escreveu: "Se sua mente está vazia, está pronta para qualquer coisa, está aberta a tudo. Na mente do principiante há muitas possibilidades, mas na mente do especialista há poucas." Jarvis tinha encontrado outro Buda que precisava matar.

※ ※ ※

Em uma manhã fria de outono, Susan Shannon chegou à cela de Jarvis e o observou se arrastando para fora da cama para ir até a porta. Ele estava cansado e abatido, e ela perguntou qual era o problema. Jarvis então lhe contou sobre um homem que fora transferido para a cela ao lado da dele; Jarvis o conhecia como Thomas.*

– Escute – disse ele.

Susan escutou e ouviu uma tosse cortante, ofegante e gutural.

Jarvis disse que a tosse nunca parava e Thomas o mantinha acordado com os engasgos e a tosse. Ele já havia perguntado a Thomas o que estava acontecendo, e o vizinho contou que tinha câncer de garganta em estágio quatro.

– Por que você não está no hospital se está tão doente?

---

* "Thomas" é um pseudônimo.

– Eu estava. Não tem mais nada que os médicos possam fazer por mim.

Depois, Jarvis cochichou com um guarda:

– Então vocês estão com ele pra ele morrer?

O guarda deu de ombros.

– Eu gostaria de poder fazer alguma coisa, mas a decisão não é minha.

Jarvis conversava com Thomas às vezes, perguntava como ele estava, mas o homem mal conseguia responder. Às vezes parecia que ia sufocar até morrer.

– Eu sei que ele está com dor, morrendo. Mas o barulho não para – afirmou Jarvis. – É como se estivessem martelando pregos na minha cabeça. É difícil pegar no sono e uma ou duas horas depois já acordo porque ele está tossindo de novo. Não consigo escrever. Não consigo meditar.

Susan disse:

– Você está praticando num lugar onde vive em meio ao sofrimento de vidas perdidas, sonhos perdidos, famílias e futuros perdidos; o sofrimento do remorso e do arrependimento, da velhice e da morte; o sofrimento de guardas e o sofrimento de causar e sentir dor. Você não quer rejeitar isso, se fechar para tudo isso, mas precisa se proteger. – Ela revelou a Jarvis que aprendera a invocar Tara Vermelha sempre que entrava na prisão e sentia o peso do sofrimento no interior daqueles muros. Da mesma forma que Tara a ajudava a continuar se doando, mas se protegendo, ela poderia ajudar Jarvis a permanecer compassivo, mas se guardando. – Você quer sentir o sofrimento dos outros, mas não se afundar nele. Senão você não vai ser útil a ninguém.

Em seguida, ela explicou como se protegia. Toda vez que atravessava os portões de San Quentin, ela se imaginava cercada por uma "membrana perolada" enquanto recitava a oração de Tara Vermelha. Ela imaginava a membrana como um falso espelho, que lhe permitia fazer com que seu compromisso budista se "estendesse a todos os seres" e, ao mesmo tempo, a protegia de ser consumida. Ela sugeriu a Jarvis que tentasse isso em relação ao vizinho, que encontrasse seu próprio espelho falso para que pudesse permanecer aberto ao sofrimento de Thomas e também se proteger, de forma que conseguisse dormir e se concentrar.

Jarvis tentou, mas a saúde de Thomas se deteriorou e a tosse ficou ainda pior. Jarvis pensou que já deveria ter se acostumado a essa altura, mas simplesmente não conseguia. À medida que sua exaustão aumentava, também aumentava sua raiva.

Uma noite, Jarvis conseguiu adormecer e acordou de repente algumas horas depois. Demorou um pouco para perceber que não fora a tosse de Thomas que o acordara. Mas a ausência dela.

Thomas devia ter morrido.

Jarvis se sentou e tentou assimilar o fato de que seu vizinho estava morto.

Talvez tenha se passado um minuto, mas pareceu uma eternidade até que Jarvis ouviu um suspiro agudo. Ele prendeu a respiração e escutou. Outro suspiro e depois a tosse seca, mais alta do que nunca. Mais alta. Jarvis sentiu um alívio.

Tudo que ele queria era que o barulho parasse, mas, naquele momento, se alegrou em ouvi-lo de novo.

Depois disso, não importando o que estivesse fazendo – meditando, escrevendo, *qualquer coisa* –, ele o fazia com o ruído da respiração difícil de Thomas ao fundo. Ele o celebrava. Era o som da vida.

PARTE 4

A QUARTA NOBRE VERDADE

O caminho

"Minha religião é muito simples.
Minha religião é a bondade."
– Dalai Lama

18 - ESPERANÇA

Jarvis sabia que Pamela estava doente. Quando, no outono de 2014, descobriu que ela sofria de amiloidose, uma infecção do sangue, ele ligou para um amigo e lhe pediu que pesquisasse sobre a doença. Ele queria saber quanto tempo Pamela tinha de vida.

À medida que a doença progredia, ela continuava comparecendo a suas visitas semanais, mesmo quando um agente penitenciário tinha que conduzi-la até a entrada do Bloco Leste em um carrinho de golfe. Mas, embora estivesse doente, sua morte foi repentina e traumática. Um dia, o coração dela simplesmente parou. Os amigos de Pamela se lembravam de seu espírito inconfundível, irreverente. Em um trecho, seu obituário dizia: "Ela nasceu com privilégios, mas dificilmente recorria a eles, exceto para estacionar onde quisesse, apesar da sinalização e da faixa colorida no meio-fio, e para dirigir sem se preocupar com os limites de velocidade e as faixas de trânsito." Um dos amigos dela disse que seria perfeito se as cinzas de Pamela fossem espalhadas por San Quentin e pela loja de luxo Bergdorf Goodman (elas foram).

Pema e Marie deram a notícia a Jarvis. Eles ficaram sentados juntos, confortando uns aos outros, e então Marie foi embora, e assim Pema e Jarvis puderam ficar sozinhos. Ficaram sentados por duas horas, lembrando de Pamela, e choraram.

Jarvis refletiu sobre as centenas de visitas, o apoio e os esforços dela em divulgar seu caso, sobre sua tenacidade. Ele se lembrou das histórias com as quais ela o distraía e a forma como a família dela se tornara sua família também. Ele descreveu anos de risadas e lágrimas e as milhares de Cocas diet que ela bebera durante as visitas. Eles também falaram sobre a vez em que, ignorando os advogados e Melody, ela ligou para a juíza Savitt e a convidou para almoçar.

Pema perguntou se ele gostaria de dizer algo na cerimônia de Sukhavati (um funeral budista) que ela conduziria mais tarde naquela semana. Jarvis escreveu sobre ela em um guardanapo: "A cada duas semanas, durante 17 anos ela veio me ver, na terça-feira. (...) Eu sempre escutarei sua risada. (...) Ela nunca me deu a menor razão para duvidar que me amava e que eu fazia parte de sua família. Nunca haverá ninguém como ela."

Naquele dia, os guardas fizeram questão de ficar longe da gaiola, dando privacidade a eles e concedendo mais tempo do que o horário regulamentar. Quando Jarvis finalmente foi levado, Pema notou que o guarda algemou os pulsos dele com uma delicadeza incomum.

* * *

Jarvis permaneceu em sua cela por dias a fio e pensou em Pamela partindo – para sempre. Marie era sua grande defensora, mas Pamela tinha sido dedicada por quase duas décadas.

Agora que tinha direito a usar o telefone, Jarvis ligava para Pema sempre que os demônios vinham, sempre que ficava particularmente triste, zangado, deprimido ou desesperado. A voz tranquila dela o acalmava. Às vezes, só isto era necessário: ouvi-la.

Agora ele precisava conversar com ela sobre Pamela, mas Pema estava viajando e ele não tinha como contatá-la. Sentindo que, com a partida de Pamela, ele havia perdido sua maior aliada, temendo o abandono, começou a entrar em pânico. Mas o que Pema gostaria que ele fizesse? Ele se sentou no chão, respirou fundo e começou a meditar. Visualizava o sorriso e os olhos de Pema: eles irradiavam aceitação amorosa. Nesse estado, ele percebeu que criara seu próprio mantra: "O que Pema diria?" Percebeu que a voz dela havia se juntado à de Chagdud Tulku dentro dele. O que Pema diria neste momento? Ela diria a ele para enfrentar os medos e vivenciar o luto. Ela lhe diria para se sentar. Ele se sentou e se permitiu chorar muito até sentir a presença de Pamela acalmando-o.

Depois, quando finalmente entrou em contato com Pema, contou que tinha descoberto que a voz dela estava dentro de sua cabeça. Ela disse:

– Essa não é a minha voz, Jarvis. É a *sua* voz. Ela sempre esteve aí. Mas agora você consegue ouvi-la.

O marido de Pamela, Marty, visitou Jarvis naquela semana e eles ficaram conversando discretamente sobre ela. Jarvis disse a Marty que passara uns dias sem conseguir sair da cela. Marty concordou com um aceno de cabeça, disse que entendia e, depois, que sabia que Pamela teria desejado que ele se empenhasse em viver, saísse para o pátio e sentisse o sol. No dia seguinte, ele saiu. A neblina dava uma sensação fria e reconfortante. Apoiado na cerca, ele se lembrou das muitas vezes em que ouvira budistas falando sobre reencarnação, o que nunca fez sentido para ele. Quando falavam sobre reencarnação, ele pensava na reciclagem de latas e garrafas, o trabalho do pai. Mas então percebeu que não precisava acreditar em uma vida literal após a morte para entender que o conceito é verdadeiro, ao menos em um sentido. E se aplicava no caso de Chagdud Tulku e da mãe de

Jarvis. Como eles, Pamela estava viva dentro dele e no coração de todos que a amaram. Ele se corrigiu: "Todos que a *amam*."

***

Pouco tempo depois da morte de Pamela, Joe Baxter foi informado pela Suprema Corte da Califórnia que o tribunal tinha aprovado seu pedido de revisão da audiência probatória de 2011. Em uma petição, Joe havia argumentado que o tribunal havia sido arbitrário, inconsistente e tendencioso em suas decisões sobre quais provas e testemunhas deveriam ser levadas em consideração ou não. Ele também levantou a questão da arbitrariedade na aplicação da pena de morte. Jarvis tinha sido condenado por conspiração e fabricação da faca usada no assassinato, e por isso havia sido condenado à morte. Mas seus corréus, inclusive o homem que realmente esfaqueara o guarda, tinham recebido penas mais leves: prisão perpétua sem direito a liberdade condicional.

Mais uma vez, os advogados estavam otimistas. O tribunal não teria concordado em rever a audiência se não houvesse encontrado mérito nos argumentos de Baxter. Rick Targow identificou outro motivo de esperança: o tribunal anterior tinha sido composto principalmente por juízes nomeados por governadores republicanos adeptos de uma postura severa de "luta contra o crime", mas o atual governador, Jerry Brown, havia nomeado juízes muito mais progressistas; era a primeira Suprema Corte da Califórnia liberal em duas décadas.

A audiência seria realizada no Tribunal Estadual de Sacramento. Depois que Baxter apresentasse sua argumentação, o tribunal teria noventa dias para dar uma resposta. Jarvis se preparou para mais uma batalha contra seu terrível inimigo: a esperança.

***

Por fora, Jarvis parecia bem nas primeiras semanas, mas, sob a fachada de estoicismo, estava angustiado, tentando conter uma barragem atrás da qual havia puro pavor. Ele sabia que só conseguiria contê-la por pouco tempo antes que se rompesse.

Pema percebeu fragilidade na voz dele. Jarvis sempre fora resiliente, mas quanta decepção uma pessoa era capaz de suportar? Ele era o praticante mais dedicado que Pema já conhecera, mas ela se preocupava com ele. Será que o próprio Buda manteria seu equilíbrio enquanto aguardava uma decisão em que havia tanta coisa em jogo?

No passado, os amigos de Jarvis comentaram que ele parecia ter um espírito incansável, mas em três semanas ficou evidente que a pressão o estava afetando: a barragem se rompeu. Jarvis estava exausto pelo sono inconstante devido à ansiedade crescente em relação à audiência.

A essa altura, ele compreendia como a esperança poderia ser venenosa, mas não conseguia não sentir esperança, fantasiando os resultados que desejava: justiça, liberdade. Ele disse a Susan que tinha visto homens serem mortos pela esperança.

– Várias e várias vezes dizem aos detentos que eles vão sair. Depois, eles sempre ficam decepcionados. O ciclo só acaba quando eles se matam.

– Entendo. Entendo como a esperança pode ser veneno. Mas você gostaria de não ter esperança?

Aquela era outra sacanagem mental budista. Sim, quem gostaria de viver sem esperança?

Com esperança? Sem esperança? A confusão só aumentava. Ele pensou: *De novo? Mais charadas? Você não tem mais nada para mim? Estou tão cansado disso.*

– Não consigo mais fazer isso – confessou. – Olhe pra mim. Venho meditando há trinta anos, porra, e estou de volta ao ponto onde comecei.

Lisa Leghorn uma vez disse a ele que a repetição de ensinamentos era essencial e inerente à meditação tibetana e que, com a repetição:

– ... os ensinamentos do budismo se mesclam com nossa mente e nosso coração até nos tornarmos um com eles. – Ela explicou: – As ideias mudam primeiro e depois nossa percepção da realidade muda.

E então recomeçamos. É como o filme *Feitiço do tempo*. Pode parecer que você não fez nenhum progresso e está começando de novo, mas não está. Cada repetição é diferente; as lições são diferentes porque você também é.

Quando Jarvis contou para Pema que não conseguia se desapegar da esperança de que a audiência seria favorável a ele, ela lhe relembrou:

– Não estar apegado não significa não sentir. A questão é não negar seus próprios sentimentos, não se fechar nem fingir que você não é humano. – Ela aconselhou: – Sente-se com o sentimento de esperança. Sim, outra vez. Mais outra. Permita que ela entre, não a bloqueie, não finja que não está acontecendo.

Ela sugeriu que ele se mantivesse ocupado fazendo o que amava e se concentrasse nas outras pessoas, que tentasse encontrar maneiras de ajudá-las – porque esse é o jeito mais certeiro para sair da obsessão consigo mesmo.

Uma semana se passou. E outra. A ansiedade dele aumentava. Ele esquecia de dormir. Sua mente vagava durante o dia, mas à noite era pior. Em uma daquelas noites, ele percebeu que estava preso no mesmo emaranhado psíquico que o tinha enredado durante a audiência de 2011: temia tanto permanecer na prisão quanto sair dela.

De manhã, ligou para Pema e contou algo que só podia dizer a ela, porque era a única que compreenderia inteiramente.

– Tenho medo de dizer isso – falou. – Se disser, vai parecer que não quero sair daqui. Eu quero... demais. E, o que é mais importante, quero que as pessoas saibam que sou inocente. Por isso continuo pensando que posso perder e ter que enfrentar tudo isso. Mas, quando penso em vencer e sair de San Quentin, também morro de medo.

– A verdadeira questão – explicou Pema – é se é possível sentir tantas coisas ao mesmo tempo. O budismo nos ensina que é, sim. A ambivalência é mais verdadeira do que a certeza. Permita-se sentir as duas coisas. Não lute contra isso. Se lutar, estará lutando contra si mesmo.

※ ※ ※

A confusão de Jarvis continuava inabalável, mas houve um descanso quando ele teve notícias de Thomas. Jarvis estava preocupado havia vários meses, desde que os guardas levaram seu vizinho para o hospital. Ele soube que Thomas estava fazendo quimioterapia intensiva, mas não recebeu mais notícias até que, um dia, ouviu a voz do vizinho chamando-o:

– Ei, cara. Mão Esquerda? Você está aí?

O coração de Jarvis teve um sobressalto.

– Oi, irmão! – gritou. – Como você está? Você fez falta por aqui.

Jarvis ficou exultante ao ouvir a notícia: o câncer de Thomas havia entrado em remissão. Dado o prognóstico anterior, era um milagre.

Thomas tinha conseguido um indulto. Jarvis pensou: *Toda esta viagem budista é: a morte vem – ela sempre vem. Mas, enquanto isso, há vida. E, caramba, como isso é bom!*

As semanas de espera foram avançando. Marie o visitava quando podia. Ele não lhe contou sobre ter medo de sair. Em vez disso, sentados um de frente para o outro, de mãos dadas, discutiram os planos para quando ele fosse libertado.

Durante metade do tempo que se conheciam, Jarvis estivera no CC e, portanto, quando se encontraram pela primeira vez, havia uma divisória de acrílico entre eles. Desde que tinha sido transferido para o Bloco Leste, eles se encontravam em uma gaiola com grades e paredes de acrílico transparente. Não havia privacidade. Eles nunca ficaram a sós. Como seria estar realmente a sós com ela? Ele nem sabia se conseguiria dormir numa cama de verdade.

O relacionamento deles fora testado por circunstâncias nada naturais e muito surreais. Será que poderia sobreviver a circunstâncias normais? Eles nunca tiveram intimidade física. Os prisioneiros do corredor da morte não têm visitas conjugais.

As refeições de Jarvis eram levadas para ele desde que tinha 19 anos. Ele não sabia fazer compras. Pamela lhe dera uma chapa elétrica, mas ele não conseguia se lembrar de como era cozinhar num fogão.

Jarvis lembrava que, quando fora transferido para o Bloco Leste, onde logo no início se sentira atarantado, queria voltar para o CC. Acostumado ao recinto completamente fechado de sua cela na solitária, sentia-se exposto e vulnerável em uma cela com vista para o andar. A sensação de exposição era ainda mais pronunciada no pátio relativamente imenso do Bloco Leste. Na primeira vez ali, ele só conseguiu dar uma dezena de passos antes de ficar paralisado de medo. Fora da prisão, iria se deparar com um número infinito de passos.

Ele tinha lido histórias de detentos libertados depois de décadas que reincidiram só para poderem voltar à vida que conheciam e de outros que cometeram suicídio depois de sair. Será que se sairia melhor do que eles?

Jarvis tinha amigos. Acreditava que poderia contar com eles. Mas será que poderia? Eles continuariam seus amigos?

Ele se preocupava com o trabalho. Como ganharia a vida?

Estava qualificado para fazer alguma coisa? Depois de seus dois livros, poderia ganhar dinheiro como escritor? Ele tinha muito a dizer sobre o sistema prisional, o confinamento solitário, o impacto da prisão e dos intermináveis processos de apelação sobre os presos e suas famílias, sobre o poder transformador do budismo. Mas será que poderia realmente ser um escritor do lado de fora? Refletiu mais sobre trabalhar com crianças – a academia de boxe. Talvez pudesse fazer isso.

Então sentiu um arrepio ao pensar em se sentar com Marie em um restaurante ou café. Ele teria que se sentar de costas para a parede ou ficaria tão ansioso que sairia correndo. A paranoia era o estado padrão na prisão. Ele olhava por cima do ombro desde criança. Tinha medo de estar tão institucionalizado que realmente precisasse da presença de grades e guardas para se sentir seguro. Lá fora não haveria ninguém para vigiá-lo, pronto a impedir um ataque. Aquele pensamento o estarreceu. Ele se sentia mais seguro em San Quentin do que no mundo exterior? Que porra era essa?

※ ※ ※

Marie o visitava uma, às vezes duas vezes por semana. Jarvis via na palidez e nas olheiras dela que a expectativa também a estava afetando. Ela sempre dizia que estava bem, mas ele enxergava a verdade. Ela também não conseguia dormir, talvez nem comer. Eles estavam na mesma montanha-russa, esperando o melhor, tentando não pensar no pior e, enquanto isso, ela planejava o que iria cozinhar na primeira noite dele em casa. Ela comprara lençóis e fronhas novos, chinelos e um roupão de banho para ele.

Marie imaginava o lugar onde iriam morar, a casa dela no Sunset District de São Francisco, perto do Golden Gate Park, de onde poderiam caminhar até a praia. Ou deveriam alugar uma cabana no campo, em algum lugar onde ele pudesse se acostumar lentamente à vida lá fora?

Às vezes ela chorava, mas não as lágrimas que derramara por tantos anos quando saía de San Quentin sozinha, sem o marido. Agora chorava de alegria por imaginar que estariam finalmente juntos. Ela o levaria aos lugares que ela amava: Big Sur, Yosemite e o Deserto Pintado. Ela os imaginou andando na praia à noite.

* * *

Jarvis não teve permissão para comparecer à audiência, mas, na manhã da argumentação oral, 13 de novembro de 2015, vários amigos seus foram em caravana a Sacramento para ouvir Joe apresentar os argumentos. Alan foi de carro com Marty. Como havia feito na audiência probatória, Alan tomou notas e relatou o dia em seu blog.

Com sua fala arrastada e mansa, Joe apresentou uma visão geral do caso de Jarvis e resumiu os argumentos apresentados no processo. Ele pediu ao tribunal para "corrigir a terrível injustiça da qual Jarvis Jay Masters fora vítima". Abordou algumas das conclusões dos árbitros e apelou aos juízes pelo arquivamento completo do caso. Falou pelos vinte minutos previstos.

No caminho de volta, Marty e Alan analisaram a apresentação. Eles estavam otimistas de que os juízes considerariam o julgamento inicial uma farsa e a inocência de Jarvis, irrefutável. Primeiro, porém, haveria outro período de espera. O tribunal tinha noventa dias para decidir.

Depois de todos os anos de prática, Jarvis acreditava que um budista deveria resistir melhor à incerteza, mas confidenciou a Alan:

– É a época mais difícil pela qual já passei.

– Mais do que 22 anos no buraco?

Jarvis assentiu.

– A desesperança era normal no buraco. Era mais fácil ficar sem esperança.

Mais uma semana. Duas. Ele tentava se manter centrado para não surtar. Ele e Marie conversavam mais sobre a vida juntos depois que saísse. Jarvis começou a empacotar seus pertences (literalmente encaixotando-os). Pensou para quem da prisão deixaria seus CDs. Um de seus amigos não tinha uma TV decente, então ele o presentearia com a dele. Daria os pôsteres da parede, a chaleira, os cobertores extras que Pamela enviara e sua biblioteca.

Os três meses passaram a passo de formiga, um dia lancinante de cada vez. À medida que o nonagésimo dia se aproximava, Rick contou a ele que o tribunal anunciava as decisões às segundas e quintas-feiras. Quinta-feira chegou e não houve decisão, então Jarvis teve que passar por um dos mais longos fins de semana de sua vida.

Marie foi visitá-lo e ambos estavam tão nervosos que mal trocaram uma palavra durante a visita de uma hora e meia. Ele e Pema se falavam com frequência. Conversar com ela sempre o ajudava, e ele tentava seguir os conselhos dela. Esforçava-se para meditar. Passou a noite de sexta acordado e, sentindo a dureza de seu colchão e ouvindo uma discussão no andar, meditou – ainda que de bruços – o melhor que pôde. Sentia os ataques de pânico chegando e os evitava com uma respiração lenta e profunda. Chegou à manhã de sábado, quando conversou com amigos ao telefone. Naquela tarde, assistiu à TV, mas não conseguia se concentrar. Ler era impossível. Outra noite sem dormir e então Marie o visitou novamente no domingo. Naquela noite ele deve ter adormecido, porque acordou uma hora depois, zonzo de um pesadelo. Vestia uma camisa de manga curta de cor clara e calça branca e carregava uma bolsa pequena com seus poucos pertences. O céu era de um azul radiante. Ele era escoltado por guardas pela última vez. Eles seguravam os braços dele enquanto o conduziam por um corredor e depois outro. Ele olhava, ansioso, para a frente, antecipando a imagem dos amigos que estariam à sua espera. Eles se abraçariam, chorariam e sairiam juntos. Ele olharia por cima do ombro, seria sua última visão de San Quentin. Assim que chegavam ao portão, os agentes paravam e o empurravam para a frente. Estava tudo errado. Ele percebia que eles o enganaram e o empurravam para a câmara de execução. Ele se virava para fugir, mas eles fechavam a porta.

Jarvis se sentou na cama. Eram 4h da manhã de segunda-feira, 26 de fevereiro de 2016; ainda estava escuro lá fora, mas uma luz de um cinza-alaranjado enevoado banhava o bloco de celas. Jarvis se sentou e meditou, fazendo as inspirações mais profundas que conseguia e permitindo que o ar saísse carregando o medo em um fluxo lento e livre.

Scott Kauffman, o advogado do Projeto de Apelação da Califórnia, tinha um horário marcado para vê-lo e relatar o resultado. Scott esperou no estacionamento até que a decisão fosse anunciada. Um e-mail chegou, e Scott entrou.

Esperando em uma gaiola, Jarvis olhou para Scott com dolorosa esperança, que evaporou instantaneamente. Scott confirmou o que Jarvis havia lido no rosto dele: o tribunal havia confirmado a sentença em sua totalidade. A decisão fora unânime. Todas as alegações de Jarvis foram rejeitadas.

19 – DESAPEGO

Scott foi embora e Jarvis foi conduzido à sua cela. Assim que foi trancado lá dentro e o guarda partiu, ele sentiu que ia desmaiar e se estabilizou apoiando-se na parede. Sentou-se e pôs a mão no pescoço. Sentia que estava se afogando. Lutou para não desmaiar.

Cinco anos antes, ele estava decepcionado com o resultado da audiência probatória, mas aquela derrota era pior. Tanto quanto ele conseguia se lembrar, nunca ficara tão arrasado, nem mesmo quando a juíza Savitt o sentenciara à morte. Por quê? Talvez apenas porque era muito jovem na época e não conseguia compreender a enormidade daquela punição. Ou talvez porque estivesse mais velho e mais cansado.

No dia seguinte, Jarvis conversou com Alan, que o encorajou:
– Essa é uma derrota, mas de forma alguma a palavra final.

Jarvis falou com Rick, que afirmou que ele não deveria desistir; aquela decisão apenas abria caminho para a próxima etapa da apelação, a audiência de *habeas corpus*. Quando Jarvis finalmente conversou com Joe Baxter, Joe prometeu que venceriam a próxima rodada e disse:
– Apenas aguente firme.

Jarvis desligou o telefone na cara dele. Depois ligou para Pema e choraram juntos.

– Queria poder estar sentada com você, Jarvis. Não há como fazer esses sentimentos ruins desaparecerem agora – disse ela com tristeza. – Você quer que desapareçam, mas tem que passar por eles. Eu gostaria que não tivesse. Mas, enquanto passa por isso, lembre-se das outras vezes em que esteve aflito... lembre-se de como, em todas as vezes, você saiu do outro lado. Você é um guerreiro.

Jarvis não disse nada, mas ela sabia o que ele estava pensando. Ela falou:

– Eu sei que você não se sente um guerreiro, mas é, e às vezes a tarefa do guerreiro é se sentar com sua derrota. – Quando a voz automatizada no telefone avisou que a chamada seria interrompida dali a quinze segundos, Pema disse: – Estou aqui, Jarvis. Eu amo você.

Ele respondeu com voz fraca:

– Eu amo você, Mama.

Depois Marie o visitou. Ela também chorou. Sentar-se com ela, observá-la, segurar a mão dela e testemunhar sua angústia partiu o coração de Jarvis. Por mais ilógico que fosse, ele sentia tê-la decepcionado e pediu desculpas. Eles estavam juntos havia quinze anos, casados desde a metade desse tempo. Marie tinha certeza – *certeza* – de que ele venceria aquela rodada. Ela acreditava que o caso era claro e Jarvis seria libertado ou, pelo menos, que lhe seria concedido um novo julgamento. A rejeição geral de todas as alegações dava a ela a sensação brutal de um tapa no rosto.

Jarvis observou aquele rosto: vazio, frágil, esgotado. E, pela primeira vez, viu a profundidade da tristeza de Marie. Aquela derrota poderia ser difícil demais de suportar para ela. E se ela desistisse? Pamela tinha sido sua maior e mais consistente defensora por décadas, mas ela havia morrido. Pema realmente era como uma mãe. Melody, Alan, Susan e outros amigos eram dedicados, mas nunca houvera alguém como Marie na vida dele. Ele nunca se sentira tão protegido e bem cuidado. E tão amado. Mas quanto tempo ela esperaria? Quanto tempo ela *deveria* esperar? Era justo com ela? A perda no tribunal o deixara arrasado. Ele não sabia se podia suportar perdê-la também. Então pensou: *Estou na prisão. Mas ela não precisa estar. Você não deseja isso para a pessoa que ama.*

Jarvis conversou com outros amigos pelo telefone e alguns o visitaram. Quando expressavam tristeza, ele falava:

– Vai ficar tudo bem.

Ele *os* tranquilizava! Os detentos do andar o encorajavam.

– Ferraram você – disse um deles.

Uma mensagem de Freddie Taylor foi entregue por um detento do andar de Jarvis. "Eu ouvi o que aconteceu, irmão", disse Freddie. "Não desista." Jarvis apreciava o apoio, mas se sentia desconectado de todos. Era como se estivesse em uma caixa de vidro e seus amigos, todo mundo, estivesse do lado de fora. Apenas Pema era capaz de entrar quando ele telefonava para ela todos os dias. A não ser por ela, Jarvis se sentia sozinho e afundava ainda mais em uma espécie de depressão que nunca experimentara antes. Contou isso a Pema usando a palavra *depressão*, que ele tinha evitado no passado. Admitiu que não sabia se poderia sobreviver. Admitiu que não sabia se queria sobreviver.

Jarvis se recusava a ir para o pátio e não comia. Tentava meditar, mas era uma tentativa superficial. Sentava-se e fechava os olhos, mas faltava energia para se concentrar na própria respiração. Na verdade, mal havia fôlego suficiente em que se concentrar.

* * *

Do outro lado da baía de São Francisco, Marie estava infeliz também. Como Jarvis, ela mal conseguia sair da cama e tirara uma licença do trabalho. Jarvis telefonava às vezes. Eles remoíam a decisão do tribunal, tentando entender por que ele havia perdido. Às vezes seguravam o telefone junto ao ouvido, mas não falavam nada, porque não havia nada a dizer. Eles estavam destroçados, individualmente e como casal. Jarvis tentava não admitir o que sabia ser verdade: que o Estado havia tirado dele a liberdade e tiraria dele seu casamento. Quando ela o visitou, ele disse:

– Vou entender se você tiver que seguir em frente.

Ela respondeu com lágrimas.

Após a visita, Jarvis ligou para Pema. A voz dela o acalmou. Como sempre, quando ele sofria e parava de meditar, ela gentilmente o encorajava a se sentar.

– Não consigo – insistiu Jarvis. – Estou aqui simplesmente tentando sobreviver.

– Esse é o motivo para meditar.

– Mas, Mama – implorou Jarvi –, fiz isso todos esses anos e veja onde estou. Todo mundo está dizendo que sou um budista no corredor da morte, como se eu estivesse acima de todos os estados de espírito, sem decepção, surfando na onda, seguindo a jornada, repetindo as palavras, transcendendo este lugar, mas não é verdade. Estou fingindo. Senti que se eu fingisse talvez isso se tornasse verdade. Liberte sua mente e tudo mais... Mas não aconteceu. Não queria decepcionar Rinpoche. Não queria decepcionar você.

– Você nunca poderia me decepcionar – assegurou ela. – Já estou neste ramo há muito tempo e nunca conheci alguém que se esforçasse mais do que você. Estou impressionada com a maneira como você manteve seu espírito vivo. Não sei como fez isso. Isso diz tudo sobre quem você é, sua natureza, seu coração.

Ele concordou:

– É... Bom, não sei se consigo mais fazer isso.

Pela primeira vez, Jarvis estava pensando, e falando, em parar. Em parar de fingir que era budista. O significado daquele momento não escapou a Pema, mas ela o trouxe de volta ao terreno conhecido, o terreno onde muitas vezes caminharam juntos.

– Você está fazendo o que precisa fazer, está sentindo a dor. É simplesmente difícil. Não há como evitar isso.

∗ ∗ ∗

Jarvis não ligou para Marie por uma semana. Ele estava preso na própria mente e não conseguia escapar. Os prisioneiros podiam fazer telefonemas, mas não recebê-los; então ela esperou. Entendia a agonia dele, mas ser dispensada foi difícil para ela. Imaginava-o na cela, deprimido, e desejava que pudessem compartilhar a tristeza que sentiam.

Enquanto isso, Jarvis pensava nela. Lembrava-se dela com na gaiola, sentada à sua frente, as mãos deles entrelaçadas, e a ternura dela. Pensou outra vez em tudo que ela havia feito por ele e como não era justo para ela estar em um relacionamento que se resumia a telefonemas, cartas e visitas em uma gaiola. A raiva dele aflorou, ele odiava San Quentin. Pensou: *Eles estão mantendo minha esposa na prisão, no corredor da morte, não sou só eu. Tenho que cumprir a pena, mas ela não. Você não deseja isso para sua melhor amiga.*

Jarvis estava aos prantos quando finalmente telefonou para ela. A voz dela soou fraca:

– O que você está pensando?

– Que amo você – respondeu ele. – E é por isso que devemos nos divorciar.

Ela não respondeu imediatamente. Depois perguntou por quê.

– Você está me esperando sair daqui. Parece que isso não vai acontecer tão cedo. Você precisa seguir com a sua vida. Eu preciso seguir com a minha.

– Jarvis, não sei.

– *Eu* sei – disse ele.

E desligou.

Jarvis se escondeu em sua cela. Conversou com Pema. Ele se sentia vazio e – sim – sem esperança. Quando telefonou outra vez para Marie, falou:

– A gente tem que fazer isso.

– Isso o quê?

– Seguir com o divórcio.

Ela chorou, mas não discordou. Ele perguntou se ela cuidaria da papelada e disse que assinaria quando ela terminasse.

Jarvis tremia quando desligou. Era a coisa certa a fazer, mas aonde aquilo o levava? Um sentimento de vazio cresceu dentro dele, um sentimento familiar de sua vida pregressa, da qual já tinha praticamente se esquecido. O terror, essa era a única palavra, o invadiu e ele quase hiperventilou. Sabia que tinha Pema e outros amigos, mas com Marie tinha uma esposa legítima que poderia obter informações sobre ele, enquanto outros não podiam quando a prisão estava em lockdown. Com Marie ele tinha uma ideia de futuro quando saísse. Através dela, ele estava íntima e constantemente conectado com o mundo fora de San Quentin de uma forma que nenhum outro vínculo o fazia sentir. E agora aquela conexão tinha terminado. Como tantas vezes no passado, ele estava sozinho, e estava apavorado. Jarvis se sentou para meditar. Lembrou-se da meditação *tonglen* e decidiu tentar. De acordo com o que aprendera, quando inspirava, ele imaginava absorver a própria tristeza. Sentiu o veneno que Pema havia descrito. Absorveu-o até o fundo de seus pulmões; então percebeu que não estava inspirando apenas a própria tristeza, mas a tristeza de todas as pessoas. O que vinha a seguir? Ele expirou o que precisava e o que todas as pessoas precisavam: o calor e a proteção d3 Tara Vermelha, a conexão com os outros, gentileza e amor. Repetiu o processo de novo, e de novo, e acabou percebendo que ficaria bem.

Jarvis e Pema conversaram naquela tarde. Ele contou a ela sobre a experiência de meditação. Contou também que estava pensando em Marie e percebeu que expirava o que ela precisava para se curar também. E que tivera uma revelação:

– Quando eu disse que deveríamos nos divorciar, pensei que a estivesse libertando, mas estava me libertando também. Essa esperança e esses planos todos não eram um fardo apenas para ela, mas para mim. Eu tinha que apoiá-la, agir como se tivesse certeza de que sairia. Queria que os planos fossem verdadeiros, mas também não queria machucar nem decepcionar Marie. Era um fardo. No lugar onde estou, não tenho condições de ser o apoio de ninguém. O problema não é o amor. Eu a amo e sei que ela me ama. Mas e se eu quiser me concentrar não em sair, mas sim na minha vida no ponto em que ela está? Será que eu estaria abandonando nosso sonho e meu compromisso com ela? Se nos divorciarmos, não terei que carregar a decepção dela. Não quero carregar ninguém agora. Não posso.

Ele sentiu que não podia porque tinha que se concentrar em sobreviver. Tinha descoberto como. A prática *tonglen* o havia guiado. Ele tinha que absorver o próprio veneno e o do mundo e expirar o que poderia ajudar a ele e a todas as outras pessoas. O que poderia ajudá-las? Ele tinha que sair de sua cela e se envolver outra vez.

Pema respondeu:

– Você me contou que muitos homens perderam a cabeça desde que você está aqui. Falou sobre os homens no CC uivando e batendo a cabeça na parede, homens encolhidos no canto da cela todos os dias e noites e vivendo com paranoia e raiva. Contou sobre todos os que são dependentes e todos os suicídios. Você poderia ter ido por esses caminhos, mas não. Você sobreviveu, o que, por si só, é um milagre, mas não é apenas o fato de ter sobrevivido, Jarvis. Você ainda tem sua mente, sua sabedoria e seu belo espírito. Ainda tem seu riso. E o principal: é compreensível que queira caminhar em um espaço aberto, mas lembre-se de que você tem a capacidade de ir até lá agora mesmo.

※ ※ ※

Pema trouxe à tona um conceito central do budismo, *samsara*, o ciclo de nascimento e morte em que os humanos estão presos por causa de seus desejos, medos e de sua ignorância, até atingirem o Nirvana, quando não têm mais esses desejos e medos e alcançaram a sabedoria que traz a iluminação.

– No budismo, assim como no cristianismo, há uma noção de inferno, mas no budismo não se trata de um lugar literal, não há fogo nem diabo, mas sim de um estado mental em que há sofrimento incessante. Mas nesse inferno há sempre um Buda, que trabalha em meio ao sofrimento para aliviá-lo. Ele não é desencorajado pelo inferno, está disposto a ajudar e é capaz de ajudar. Sinto que você é assim, Jarvis. Você está bem no meio do inferno de San Quentin e pode ajudar as pessoas aqui. Você ajuda as pessoas no inferno. Você sabe quem mais faz isso? O Buda.

※ ※ ※

Naquela noite, a meditação de Jarvis o levou à infância novamente. Ele tinha 4 anos, talvez menos. Ainda morava com a mãe e um dia estava brincando no quarto quando entrou num armário embutido, olhou para cima e viu o contorno de um painel no teto. Subiu nas caixas e roupas, empurrou o painel, abrindo-o, e entrou no entrepiso. Ele apreciou o silêncio e a sensação de segurança.

Depois disso, quando percebia uma mudança perigosa no humor dos adultos, alguém drogado, vozes se elevando no preludio a uma briga ou os sons de homens na cama com sua mãe, ele ia para o armário e subia, buscando refúgio no espaço secreto, pequeno e escuro.

Em sua meditação, ele estava outra vez no entrepiso, que se transformava em sua cela. E teve um pensamento surpreendente: passara a vida procurando espaços para se esconder, onde estaria seguro, encolhendo-se o máximo possível, e aqueles entrepisos foram prisões, cadeias e o confinamento solitário. O pensamento lhe causou calafrios.

Ele percebeu que estava meditando. A brecha. Percebeu onde estava e para onde tinha ido e respirou fundo. Quando abriu os olhos, percebeu algo: outro daqueles sentimentos profundos que pareciam surgir do nada desde que ele embarcara no caminho budista. Fechou os olhos de novo e respirou com a intenção de ficar concentrado e presente, mas retornou à história em que estava. Voltou no tempo para alguns meses antes, quando estava aguardando a decisão do tribunal. Observou a si mesmo empacotando seus pertences, doando alguns, se preparando para jogar o resto fora. Quando o tribunal negou suas alegações, ele olhou em volta, para a cela vazia, furioso consigo mesmo pela esperança ilusória que o levara a esvaziá-la. Mas agora compreendia a sabedoria irracional por trás de suas ações. Ele pensava que tinha esvaziado a cela porque iria sair de San Quentin, mas, na verdade, ele a estava esvaziando porque iria ficar.

Jarvis sempre se lembrava de Chagdud Tulku dizendo a ele que nunca se sabe quem serão nossos mais importantes professores e que o Dalai Lama uma vez disse que nossos *inimigos* são nossos maiores professores. De acordo com essa lógica, seu professor mais recente era a Suprema Corte da Califórnia. Ao negar o recurso, ela estava dizendo, basicamente, "Não vamos deixar você sair... ainda não", e ele percebeu que tinha que libertar *a si mesmo*.

20 - ILUMINAÇÃO

Jarvis escreveu a Pema: "Meditei hoje de manhã. Por três horas. Consegui de novo. É como se existisse essa tristeza, essa perda, mas leveza. É como se eu estivesse jogando fora as pedras que vinha carregando. As pedras são as ideias sobre o que acho que preciso na vida para ser feliz."

Ele elaborou mais a ideia quando conversaram ao telefone:

– Minha fantasia é que sair me trará felicidade. É sempre alguma coisa, acho que todos nós fazemos isso. Pensamos que, se conseguirmos o que queremos, seremos felizes. Fantasiamos que um relacionamento vai nos trazer a felicidade. Achamos que encontraremos a realização, um fim para nosso sofrimento, e poderemos parar de fugir e dormir profundamente a noite toda. Mas vejo a verdade nas cartas que as pessoas me escrevem. Elas estão perseguindo essa ilusão de felicidade. Elas têm garagem para dois carros, casa de frente para o mar, filhos perfeitos e um cachorro fofo, e ainda assim ficam deprimidas. Se você tem tudo isso e ainda está deprimido, esse é um problema maior do que o meu. Você tem tudo isso e está se sentindo uma merda? Isso não é liberdade. Sou mais livre do que isso.

Jarvis reconheceu que havia muitos privilégios na liberdade que ele desejava: ir a uma floresta ou à praia, caminhar onde quisesse sem correntes nem algemas e sem um guarda na sua cola, comer um pêssego fresco (ele não comia um desde criança).

Ele disse que gostaria de girar uma maçaneta.

Pema ficou surpresa.

– Girar uma maçaneta?

– Não abro nem fecho uma porta há mais de 35 anos. Queria abrir minhas portas e ser livre assim.

Depois disse:

– Eu sei o que você vai dizer: que tenho a capacidade de abrir minhas portas neste momento. Entendo isso, mas ainda gostaria de abrir uma porta de verdade, sozinho. Mas todos nós temos listas do que achamos que precisamos para sermos felizes. A questão é que, quando consegue algo da lista, você logo quer outra coisa. Nunca acaba.

Jarvis contou a Pema uma história sobre sua infância. Na sala de estar da casa de sua avó em Harbor City havia sempre uma fruteira com maçãs e laranjas. Ele passava e pegava uma. Quando morava num de seus lares temporários, havia uma fruteira na mesa de jantar também. Ele pegou uma maçã e a mordeu – e ficou chocado: era de plástico. Falsa. Pensou que fruta de plástico devia ser coisa de gente rica. Pobres não tinham como comprar frutas de plástico com cupons.

– Mas depois pensei: *É melhor ter uma maçã que você pode morder.*

Jarvis concluiu:

– Quando se compara com os outros, você nunca sai ganhando. As pessoas sempre me descreveram como esse estereótipo: pobreza, falta de comida, ausência de pai, mãe prostituta, maltratado. Elas têm pena de mim. Não deveriam ter pena de mim. Não importa onde você está, se está sofrendo. De um jeito ou de outro, o trabalho a fazer é o mesmo. Você sabe como nunca entendi o carma, né? Mas *isso é* carma: onde quer que esteja, você tem que encarar a si mesmo.

* * *

Jarvis percebeu que tinha saído do modo de sobrevivência, em que estava desde a decisão devastadora. Ele sobrevivera. Então retomou sua rotina habitual e reconfortante. Começava todas as manhãs com prostrações e, em seguida, meditava. Depois praticava yoga, estudava e escrevia. Voltou a sair para o pátio, a conversar com amigos e procurar presos que pudessem precisar de sua ajuda, quer estivessem com saudade de casa, com medo, com raiva ou simplesmente deprimidos. E voltou para as aulas de budismo de Susan, estudando e ensinando àqueles que praticavam uma crença que ele desenvolvera sob medida para a prisão.

A célebre escritora Rebecca Solnit costumava remar na baía de São Francisco e sua rota passava por San Quentin. Toda vez que passava remando seu caiaque perto da prisão, ela pensava em Jarvis, sobre quem tinha lido e a quem vira uma vez quando assistiu a uma audiência dele junto com um grupo de seus apoiadores budistas. Para sua coluna na *Harper's Magazine*, Rebecca decidiu escrever sobre o contraste entre sua "liberdade máxima" deslizando pela baía e a "falta de liberdade máxima" de Jarvis. Ela conhecia Melody, que lhe explicou como entrar em contato com ele. Ela e Jarvis começaram a se falar por telefone e ela o visitou.

Certa vez, Jarvis ligou quando Rebecca estava fazendo uma trilha no Novo México. Segurando o telefone junto ao ouvido, ela o levou consigo até o alto da montanha Atalaya e descreveu a ele o que via: a paisagem e o solo "polvilhado de mica cintilante". Em janeiro de 2017, ele ligou quando Rebecca estava no Aeroporto Internacional de São Francisco participando de um protesto contra uma ordem executiva do presidente Trump que impedia a entrada de imigrantes de países muçulmanos nos

Estados Unidos. Rebecca perguntou a Jarvis se ele gostaria de se juntar à marcha e então ligou o viva voz. Ele ficou exultante em participar. Como alguém cuja voz política havia sido silenciada por mais de 35 anos (era um dos 6 milhões de criminosos do país que não podem votar), estava participando da democracia dos Estados Unidos pela primeira vez na vida.

Certa vez, Jarvis telefonou para a filha de Marty e Pamela, Samantha, quando ela estava no topo da torre de observação do Seattle Space Needle e ela descreveu a vista de tirar o fôlego. Outra amiga, Corny Koehl, estava num grande show ao ar livre no Five Point Amphitheatre, em Irvine, Califórnia, quando Jarvis ligou. Corny ergueu o telefone e Jarvis se juntou à multidão chacoalhando ao som de ZZ Top, Lynyrd Skynyrd e Cheap Trick.

Lee Lesser, uma professora e terapeuta que havia escrito para ele depois de ler *Encontrando a liberdade*, era outra amiga próxima. Jarvis ligou para Lee numa tarde de domingo, quando o bloco de celas estava especialmente barulhento porque as TVs de vários detentos estavam sintonizadas em um jogo de basquete dos Warriors. Como a maioria dos homens do andar estava ocupada com o jogo, Jarvis conseguiu permanecer ao telefone por mais tempo do que o normal.

– Estamos todos aqui – disse Lee quando atendeu. – Toda a família e um monte de amigos estão aqui para o Seder de Páscoa, estamos nos sentando para jantar.

Jarvis se desculpou por interromper, mas Lee o deteve:

– Não, não, não era isso que eu estava dizendo. Estava apenas lhe dizendo o que está acontecendo. Você vai ficar para o jantar, a menos que tenha outros planos!

Lee acionou o viva voz no centro da mesa e apresentou Jarvis aos convidados. Ele ouviu as orações e canções e compartilhou a conversa e as piadas. Quando os convidados ouviram um rugido alto no alto-falante, um deles perguntou se os prisioneiros estavam em rebelião. Jarvis disse que não, que devia ter sido uma cesta.

As ligações do corredor da morte são interrompidas por uma gravação que lembra às partes que o telefonema é monitorado e será desconectado depois de quinze minutos. A cada vez que a ligação caía, Jarvis ligava de novo. Ele passou 45 minutos participando do Seder, o jantar ritual da Páscoa judaica, por telefone. Quando um guarda foi buscar o aparelho, Jarvis agradeceu a Lee e à família dela.

Naquela noite ele se deleitou com o companheirismo que sentiu durante o Seder. Depois entrou em sintonia com os ruídos do andar, que ficaram mais calmos após o jogo. Sua mente se conectou com os homens com quem vivia. Quando foi colocado no corredor da morte pela primeira vez, eles eram algumas dezenas; agora eram mais de setecentos. Sabendo que poucos, ou nenhum deles, jamais fariam um telefonema como o que ele tinha acabado de desligar, ficou desolado e se lembrou novamente de quão sortudo era.

* * *

Várias semanas depois, Pema o visitou no aniversário da morte de Pamela para que pudessem rememorar a ocasião juntos. Antes de entrar na gaiola naquela manhã, ela comprou para Jarvis a única opção minimamente saudável da máquina de venda automática: um copo de salada de frutas. A mama queria que o filho tivesse uma alimentação mais saudável. Para ela, comprou uma garrafa de água e uma barra de chocolate, porque às vezes precisava de uma injeção de energia durante uma visita longa. Eles se abraçaram por um longo tempo e depois se sentaram juntos, de mãos dadas.

Pema comentou o corte de cabelo de Jarvis:

— Parece um monge!
— Não foi uma decisão religiosa – explicou ele rindo. – Eu fiz besteira. Minha mão escorregou quando eu estava usando a máquina e ela abriu um caminho bem no meio. Tive que escolher se deixava assim ou raspava tudo.

Eles se lembraram da amiga falecida; depois atualizaram um ao outro sobre seus familiares.

Harline tinha visitado Jarvis na semana anterior.

— Estávamos conversando sobre nossos parentes – contou Jarvis. – "Ele morreu." "Ela faleceu." "Ele está na cadeia em tal lugar." "Ele está totalmente doido." "Ele é um filho da puta." "Ela deu à luz outra criança, já são sete, o bebê é a cara da mãe, pobrezinho." Rimos à beça e as pessoas ficaram todas olhando. Então ele começou a falar sobre seu negócio de reciclagem, e percebi seus olhos grandes para as latas de lixo transbordando com latas de refrigerante vazias. Eu podia dizer que ele estava pensando "Isso é uma mina de ouro" e então ele falou assim: "Filho, você sabe o que eles fazem com todas aquelas latas de Coca-Cola? Isso seria um baita negócio. Com quem eu falo, filho?"

Quando os guardas passaram com um prisioneiro pela gaiola, Pema comentou sobre o rosto e a cabeça do homem com tatuagens extravagantes, o que a levou a relatar a Jarvis sua visita recente à Homeboy Industries, uma organização de Los Angeles dirigida por um amigo dela, o padre Gregory Boyle.

— Ele trabalha com gangues – contou Pema. – Fornece serviços sociais e de saúde, ensina habilidades necessárias à vida e os ajuda a conseguir um emprego. Estávamos no escritório do padre Gregory e um sujeito entrou, frustrado porque ninguém o contratava. O padre Boyle sugeriu que ele poderia ter mais sorte se removesse a tatuagem na testa que dizia: FODA-SE A VIDA.

Quando o riso deles diminuiu, Pema ficou séria e perguntou como estava indo sua prática.

– Nós conversamos sobre iluminação – disse Jarvis. – Está sendo uma viagem, uma ideia muito vaga para mim, mas acho que estou entendendo cada vez mais.

– O que você descobriu? – perguntou ela.

– Eu me sento de manhã e à noite – relatou Jarvis. – Mas basicamente estou o tempo todo meditando, a cada minuto. Sinto que estou vivendo em estado de meditação. Sinto a alegria de me conectar com meus amigos por dentro e por fora, mesmo vivendo com o peso da dor deles e de outras pessoas, da dor de todo mundo. Estou curioso com o que vai acontecer. Faço besteira o tempo todo, mas, toda manhã, estou centrado quando me faço perguntas. Elas me dão paz e força.

– Que perguntas são essas?

– Quando fiz contato com Rinpoche pela primeira vez, ele me enviou aquele livro antigo dele, *Vida e morte no budismo tibetano*, no qual dizia que as pessoas deveriam terminar cada dia se perguntando o que tinham feito com a própria vida, caso morressem naquela noite. As perguntas me apavoravam. Eu tinha jogado a minha vida no lixo. Machuquei muita gente. Agora tenho respostas diferentes e faço perguntas diferentes.

– Que perguntas você faz?

– Você disse uma vez que o carma se resume à pergunta: "Como vou usar o dia de hoje?" É o que eu pergunto: "Como vou usar o dia de hoje? Vou estar adormecido ou desperto? O que vou perceber? Como posso ajudar? A vida de quem vou tocar?"

Eles ficaram sentados num silêncio alegre até um guarda chegar para encerrar a visita.

EPÍLOGO
Viver de coração aberto

"No final, estas coisas são as mais importantes:
Quanto amei? Quão plenamente vivi? Quão
profundamente me desapeguei?"
– Buda Gautama

Numa madrugada, em meados de novembro de 2018, meu celular soou às três da manhã me avisando que havia chegado uma mensagem. Normalmente eu o desligo à noite, mas tinha esquecido e olhei para a tela. O texto vinha de um número não identificado. Li: "Isso está funcionando?"

Então o celular soou uma segunda vez com outra mensagem. Era uma foto. Uma selfie.

Sob uma luz tênue, na frente de um pôster de Jimi Hendrix, estava Jarvis, com um sorriso imenso.

Respondi: "Que porra é essa?"

Ele escreveu de volta: "O quê?"

"O que você está fazendo com um celular?"

* * *

Não é nenhuma novidade que os celulares são proibidos em San

Quentin e em outras prisões, onde o acesso a telefones é rigorosamente monitorado e controlado. Apesar das limitações, o mercado paralelo de telefones celulares é um negócio próspero em muitas prisões, inclusive em San Quentin. Jarvis comprara o telefone de um preso que provavelmente o comprara de um guarda (Jarvis disse que era melhor não perguntar). Um amigo pagava a assinatura do serviço – e da Netflix.

O argumento do vendedor incluía a promessa de filmes ilimitados, então Jarvis ficou decepcionado ao ver que o sinal de celular através das paredes da prisão era insuficiente para permitir a transmissão. O sinal só tinha uma barra. No entanto, a necessidade é a mãe da invenção, e os prisioneiros tinham muito tempo disponível, então criavam muitas soluções engenhosas. Embora o sinal ainda fosse fraco demais para a transmissão, Jarvis descobriu que poderia usar alguns aplicativos off-line. Poderia, por exemplo, tirar fotos, fazer gravações de vídeo e áudio e anexá-las a mensagens que conseguia enviar se colocasse o telefone dentro de um pacote vazio de batatas fritas preso a um fio e deslizasse o pacote sob a porta da cela até o corredor, onde o sinal era mais forte.

Algumas ligações se completavam e ele me enviou fotos da cela e do andar tiradas pela tela que cobria a porta. Também enviou uma gravação de um preso reclamando que o barulho da máquina de escrever de Jarvis era muito alto.

Como dizia a mensagem que enviou a outro amigo: "Estou louco com este telefone! Quer dizer, 10-12 horas por dia! Se eu tivesse dinheiro, poderia até pedir uma pizza 🍕 (ele tinha aprendido a usar emojis). Imagina só um entregador de pizza no portão da frente: 'É para Jarvis Masters!'"

Por quase quatro décadas, o acesso de Jarvis à tecnologia era limitado à TV, ao rádio e à máquina de escrever elétrica que Pamela mandara para ele.

Quando foi preso, aos 19 anos, não existiam computadores pessoais, muito menos internet ou smartphones. Uma vez, nos anos 2000, quando estava na carroceria de uma viatura que o levava para o hospital, ele ficou maravilhado com a vista da baía azul, de nuvens brancas ondulantes e das colinas douradas ao longe. Quando olhou para uma esquina, ficou chocado ao ver tantas pessoas falando sozinhas. Ele comentou isso e um guarda disse que elas estavam falando ao telefone através de fones de ouvido. Além disso, o mais próximo que chegara da tecnologia moderna era o que passava na TV – e tudo lhe parecia pura ficção científica.

Assim que aprendeu o truque do saco de batatas fritas, Jarvis deu um salto de décadas e podia se comunicar livremente com amigos sempre que quisesse sem ser espionado. Não apenas enviava mensagens, mas também as recebia, e os amigos enviavam mensagens, artigos e clipes de música. Enviei um vídeo para ele que gravei enquanto dirigia pela ponte Golden Gate, e Jarvis respondeu que só havia cruzado aquela ponte algemado.

Também enviei o vídeo de um espetáculo de uma companhia teatral de hip-hop chamada Truthworker, cuja fundadora e diretora artística era amiga dele, Samara Gaev. O espetáculo, escrito e interpretado por jovens do ensino médio e da faculdade, era baseado em correspondências e uma visita à prisão. Chamado *IN|PRISM: Boxed In & Blacked Out in America*, retratava Jarvis quando ele tinha 25 anos, sendo maltratado por guardas e acusado de assassinato. O vídeo era a gravação de uma apresentação no Lincoln Center, em Nova York. Jarvis me contou que assistiu ao vídeo dezenas de vezes e chorou em todas elas.

* * *

Uns meses depois que Jarvis arrumou o celular, os guardas fizeram uma revista surpresa e o encontraram; o telefone estava escondido em seu exemplar do livro *We're All Doing Time*. Eles também descobriram um cigarro eletrônico, e Jarvis foi indiciado pelas infrações. Depois de uma audiência disciplinar, foi enviado para o confinamento solitário, onde o visitei. Não havia guloseimas, apenas a divisória de acrílico manchada – como quando o conheci mais de dez anos antes. Foi triste ter uma barreira entre nós de novo, mas Jarvis parecia bem. Enquanto eu pensava nisso, ele olhou para mim e disse:

– Cara, você parece estressado.

Contei a ele que tinha recebido uma multa por excesso de velocidade, que meu sogro tinha caído e minha esposa estava tentando ajudá-lo, que recebemos uma conta de água astronômica por causa de um vazamento e que eu tinha passado a manhã toda num engarrafamento. Depois, quando consegui chegar ao outro lado da rodovia, um imbecil me fechou e ainda me mostrou o dedo. Eu estava frustrado e com raiva quando olhei para Jarvis e vi que ele estava sorrindo. Aquilo me pegou em cheio.

– Meu Deus, me desculpe – falei. – Estou reclamando da *minha* vida? *Aqui*?

– Não, não, não, não é isso que estou pensando. Só estou pensando que você teve uma manhã infernal. É melhor relaxar. Assim você vai morrer antes de mim!

Ele me contou sobre a única vez em que esteve em um engarrafamento na vida. Estava sendo levado ao hospital para exames após uma convulsão e o trânsito estava parado. Os três guardas e o motorista ficaram irritados, mas Jarvis ficou emocionado. Ele olhava fascinado para as pessoas em seus carros. Uma família conversava animadamente. Uma mulher estava cantando. Alguns motoristas estavam sozinhos, um parecia zangado e outros tinham um rosto inexpressivo. Ele observou as pessoas com o coração compassivo.

Décadas antes, quando Jarvis fez seus primeiros votos budistas, Chagdud Tulku Rinpoche lhe deu uma instrução enigmática: ele deveria aprender a ver a perfeição de todos os seres. Foi o que ele viu no rosto das pessoas dentro dos carros e ficou tão comovido que chorou.

* * *

Logo depois dessa conversa, eu estava dirigindo para o aeroporto e fiquei preso no trânsito de novo. Estava ficando irritado e estressado, com medo de perder o voo e um evento em Nova York. Enquanto isso, os carros avançavam um centímetro de cada vez. De repente me lembrei do engarrafamento de Jarvis.

Inspirei fundo, exalei e me acalmei. Depois olhei para o carro ao meu lado. O motorista era um homem magro, velho, com cabelos grisalhos, sobrancelhas revoltas e rosto enrugado. Olhei mais de perto e imaginei a vida plena que ele vivera. Imaginei que fosse casado, provavelmente tivesse filhos. Eu sabia que ele vivera muita alegria e tristeza, como todos nós.

Olhei para outros carros: uma mulher ao telefone, parecendo dura e brava; outra ao telefone, séria; uma que parecia sonhar acordada; e um homem olhando para a frente com uma expressão que poderia ser de contrariedade ou arrependimento.

Imaginei seus sucessos e decepções.

Eu estava enxergando pelos olhos de Jarvis e admirava as pessoas, *o interior* delas, que nunca tinha notado. Não estava mais no trânsito; estava com todas aquelas pessoas num halo abençoado, em algum lugar diferente e melhor.

Compreendi então o que o primeiro professor de Jarvis quis dizer: todas aquelas pessoas – com suas atividades e seu tédio, suas alegrias e seus sofrimentos – *eram* perfeitas.

* * *

Visitei Jarvis no Natal de 2018, seis meses depois de ele ser liberado do CC e voltar para o Bloco Leste. Por causa da multidão de visitantes, nos encontramos em uma sala de visitas diferente da habitual, junto com outros trinta detentos e suas esposas, mães, crianças, outros familiares e amigos em gaiolas.

Examinei a sala e notei uma mulher frágil com seus 70 anos compartilhando um saco de pipoca com o filho já de cabelos grisalhos; um casal de mãos dadas, sem dizer nada; uma menina de 5 ou 6 anos sentada ao lado do pai, com a cabeça descansando no ombro dele enquanto ele lia para ela um livro infantil.

Observei o interior das gaiolas outra vez e pensei: *Essas pobres pessoas. Essas pobres crianças. Em pleno Natal, visitando o pai no corredor da morte. Essas pobres mulheres. Meu Deus, que vida.*

Jarvis interrompeu meus pensamentos.

– Cara – disse ele –, você está vendo isso? – Ele também estava observando a sala. – Olhe todas essas pessoas lindas. Esta sala está muito cheia de amor hoje.

Olhei de gaiola em gaiola outra vez e vi o que ele via. Onde eu via tristeza, dor e arrependimento, Jarvis via luz, alegria e amor.

PÓS-ESCRITO

"Liberte sua mente e seu traseiro irá atrás."
– George Clinton, Funkadelic

O ano de 2020 marca o trigésimo aniversário da chegada de Jarvis ao corredor da morte. Em agosto de 2019 ele enfrentou outro revés quando a Suprema Corte da Califórnia negou seu pedido de *habeas corpus*. A apelação agora segue para o âmbito federal. Ele, seus advogados e seus apoiadores continuam lutando para provar sua inocência. Enquanto isso, Jarvis escreve, medita, celebra sua sanga e faz o possível para ajudar outras pessoas na prisão – quer a prisão em que se encontram tenha grades ou não.

AGRADECIMENTOS

Agradeço aos seguintes amigos, apoiadores e parentes de Jarvis que compartilharam suas histórias comigo: Patricia Savitri Burbank, Ricky Campbell, Philip Coffin, Carol Dodson, Sherri Forester, Samara Gaev, Chris Grosso, Kelly Hayden, Barbara Jacobsen, Cliff Johnson, Janis Kobe, Corny Koehl, Parker Krasney, Lee Lesser, Harline Masters, Michele Modena, Susan Moon, Sara Paris, Connie Pham, Samantha Sanderson, Jan Sells, Will Shonbrun, Blaise Smith, Freddie Taylor e Mark Werlin. Também sou grato aos advogados de Jarvis: Joe Baxter, Scott Kauffman, Michael Satris e Rick Targow; e aos pesquisadores Mariel Brunman, Phoebe Bryan e Josh Stadtner.

Faço um agradecimento especial a Ernest Rogers, coordenador de visitas a San Quentin, que foi infinitamente paciente, flexível e gentil durante minhas várias visitas ao corredor da morte.

Quero agradecer particularmente as contribuições de Melody Ermachild, Marty Krasney, Glenna Olmsted, Alan Senauke, Susan Shannon, Raven, Lama Shenpen e Rebecca Solnit, que me ofereceram apoio e opiniões valiosas.

E há ainda a amiga, professora e "mãe" de Jarvis, Pema Chödrön. Ani Pema inspirou inúmeras pessoas mundo afora e as ajudou a enfrentar os desafios de suas vidas. Ela certamente me inspirou e me ajudou, com este livro e em minha própria vida.

Na agência ICM, sou eternamente grato à minha agente, Amanda Urban. Tenho uma sorte imensa de trabalhar com Binky há – e isso é difícil de revelar – 35 anos. Sou grato pela orientação, a sabedoria e a amizade dela.

Na Simon & Schuster, quero agradecer a Tzipora Baitch, Nicole Hines, Sara Kitchen, Ruth Lee-Mui, Zoe Norvell, Julia Prosser e outras pessoas da equipe da editora que apoiaram este livro.

Meu mais profundo agradecimento a meu editor, Eamon Dolan. Nunca poderei expressar plenamente minha gratidão e meu afeto por Eamon, o modo como ele me ajudou a me expressar em meus livros. *O budista no corredor da morte* simplesmente não existiria sem ele, que idealizou o livro, o concebeu, acreditou nele – e, contra todo o bom senso, em mim também –, mesmo quando eu estava perdido, desanimado e dois anos atrasado no prazo. A visão, a sabedoria e a sublime edição de Eamon estão presentes em cada página. Como editor, ele é inigualável. Como amigo, é um em um bilhão. As pessoas que têm a sorte de conhecê-lo entendem quando digo isso. Eamon é um verdadeiro bodhisattva: infinitamente compassivo, dedicado a aliviar o sofrimento e a tornar o mundo mais justo.

É impossível expressar toda a minha gratidão a Jarvis Masters. Esta foi uma jornada marcada por lágrimas e risos. Agradeço a Jarvis pela confiança e pela amizade, que valorizo muito.

Por fim, obrigado a meus filhos, Daisy, Jasper e Nic Sheff, e à minha esposa, Karen Barbour. Como Ray Davies – a quem também sou grato – costuma dizer: Vocês fazem tudo valer a pena.

CONHEÇA OUTROS TÍTULOS DA EDITORA SEXTANTE

Os lugares que nos assustam
PEMA CHÖDRÖN

Podemos permitir que as circunstâncias da vida nos endureçam, deixando-nos cada vez mais cheios de medos e ressentimentos, ou podemos nos tornar mais abertos em relação ao que nos assusta. Nós sempre temos escolha.

Na maioria das vezes, tentamos nos proteger através da raiva, do ciúme, da inveja, da arrogância e do orgulho, mas não conseguimos vencer a incerteza e o medo com essas barreiras. Temos que aprender a nos relacionar com o desconforto usando outras ferramentas, como a bondade e a compaixão.

Neste livro, a monja budista Pema Chödrön nos ensina a confrontar nossos medos e dificuldades através de práticas poderosas que vão nos apoiar e inspirar nos bons e maus momentos e despertar uma coragem e sabedoria que nem imaginávamos possuir.

As coisas que você só vê quando desacelera
HAEMIN SUNIM

De tempos em tempos, surge um livro que, com sua maneira original de iluminar importantes temas espirituais, se torna um fenômeno tão grande em seu país de origem que acaba chamando a atenção e encantando leitores de todo o mundo.

Escrito pelo mestre zen-budista sul-coreano Haemin Sunim, *As coisas que você só vê quando desacelera* é um desses raros e tão necessários livros para quem deseja tranquilizar os pensamentos e cultivar a calma e a autocompaixão.

Ilustrado com extrema delicadeza, ele nos ajuda a entender nossos relacionamentos, nosso trabalho, nossas aspirações e nossa espiritualidade sob um novo prisma, revelando como a prática da atenção plena pode transformar nosso modo de ser e de lidar com tudo o que fazemos.

Você vai descobrir que a forma como percebemos o mundo é um reflexo do que se passa em nossa mente. Quando nossa mente está alegre e compassiva, o mundo também está. Quando ela está repleta de pensamentos negativos, o mundo parece sombrio. E quando nossa mente descansa, o mundo faz o mesmo.

Aonde quer que você vá, é você que está lá
JON KABAT-ZINN

Quando este livro foi lançado nos Estados Unidos, em 1994, ninguém poderia imaginar que um título sobre atenção plena entraria nas listas de mais vendidos e alcançaria a marca de um milhão de exemplares.

Mais de 25 anos depois, ele continua a transformar a vida de meditadores iniciantes e experientes com suas valiosas dicas, seus conceitos e exercícios.

Contando envolventes histórias sobre os benefícios da meditação e as descobertas e os desafios no caminho do autoconhecimento, este livro é perfeito para quem deseja uma vida com mais calma, significado e propósito.

Você vai aprender:

Como o foco no momento presente pode tornar seu cotidiano mais gratificante.

Que qualquer um é capaz de desenvolver um senso de presença e tranquilidade apesar do estresse da vida moderna.

Que, para meditar e colher os frutos da prática, não é preciso ser budista nem mudar suas crenças (ou a falta delas).

Que não há apenas um "jeito correto" de meditar e é possível encontrar a abordagem que funciona melhor para você.

Para saber mais sobre os títulos e autores da Editora Sextante,
visite o nosso site e siga as nossas redes sociais.
Além de informações sobre os próximos lançamentos,
você terá acesso a conteúdos exclusivos
e poderá participar de promoções e sorteios.

sextante.com.br